WENDIE RENARD

DANS LA MÊME COLLECTION

2019

John McGuinness – Built for Speed
Shaquille O'Neal – Shaq sans filtre
Peter Sagan – Mon monde
George Eddy – Mon histoire avec la NBA

2018

Guy Martin – Mon autobiographie
Stephen Curry – Golden
Adrian Newey - Autobiographie
Kelly Slater – Pipe Dreams
Jenson Button – Une vie à la limite
Maria Sharapova – Unstoppable
Kobe Bryant – Showboat
Loïc Korval – Apprendre à se relever

2017

Michael Dunlop – Road Racer
Neymar – Conversation avec mon père
Eddy Merckx – Le cannibale
Larry Bird - Magic Johnson – Quand le jeu était à nous
Novak Djokovic – La quête de Roland-Garros
Arsène Wenger – 20 ans dans les coulisses d'Arsenal
Diego Simeone – Mes secrets de coach

2016

Steve Williams – Ma vie avec Tiger Woods
Allen Iverson – Not a game
Jonah Lomu – L'autobiographie
Jack McCallum – Dream Team
Patrick Montel – Concentré d'émotions
Patrick Lemoine – Le Carré magique
Jorge Mendes – Mes clés pour réussir dans le football
Suzy Favor Hamilton – Fast girl

2015

Djibril Cissé – Un lion ne meurt jamais
Kodjovi Obilalé – Un destin foudroyé
Pierre Salviac – Merci pour ces moments
Michael Jordan – The Life
Marc Madiot – Parlons vélo
Guga – Un Brésilien, une passion française

2014

Alex Ferguson – Mon autobiographie
Phil Jackson – Un coach, onze titres NBA - Les secrets du succès
Sept péchés capitaux – À la poursuite de Lance Armstrong
David Epstein – Le gène du sport
Michael Schumacher – Sa vie - Ses victoires - Ses rêves
Franck Ribéry – L'incompris

WENDIE RENARD

MON ÉTOILE

En collaboration avec
Syanie Dalmat et Yohann Hautbois

Talent Sport

TALENT SPORT
115 rue de l'Abbé Groult, 75015 Paris

Photos de couverture : © Manuel Braun

ISBN : 978-2-37815-124-9

Je dédie ce livre à : mon papa Georges
(mon étoile), ma maman Marie-Héléna,
sans elle le ciel est gris, et mon conseiller,
Fred Labiche, qui a pour mission
de me protéger.

SOMMAIRE

PRÉFACE DE FÉLIX MERINE

J'ai rencontré Wendie il y a une dizaine d'années, en Martinique, par l'intermédiaire d'un ami commun, Fred Labiche, qui est aujourd'hui son conseiller. Et je ne sais pourquoi, nous avons immédiatement accroché. Peut-être partagions-nous sans le savoir des parcours de vie similaires. Wendie a perdu son père à 8 ans et moi j'ai perdu ma mère beaucoup plus tard à vingt ans. Et, lorsque vous vivez cet évènement dramatique, surtout à ces âges, vous pouvez très vite vous effondrer. Paradoxalement, cela m'a beaucoup aidé dans la vie. Car à la mort de ma mère j'ai choisi de me battre, avec l'aide de ma famille, de mes amis. Et tout pour moi a été un challenge, des défis à relever, aussi bien dans les sports que j'ai pratiqués (football, rugby, yole) que dans ma vie professionnelle.

Je suis issu d'une famille de marins pêcheurs. J'ai été pratiquement élevé les pieds dans la mer, au milieu des yoles de pêche, dont celles de mes oncles. Et lorsque vous êtes jeune, vivez au Robert, et de surcroît au bord de la mer, alors vous n'échappez pas à ces courses. Cela se fait naturellement. Ce sont mes oncles qui pratiquaient déjà la yole qui m'ont initié à la voile. C'est là que tout a commencé.

J'ai débuté les compétitions à 16 ans. J'ai occupé toutes les places au sein de l'équipage, jusqu'à devenir patron, c'est-à-dire le barreur, à 26 ans. C'est là que j'ai monté mon premier équipage, en 1988, avec une bande de copains du bord de mer du Robert. J'ai gagné mon premier tour de yole, 2 ans après, en 1990. Aujourd'hui, plus de 30 ans après, mon équipage a tout gagné et est le plus titré de l'île.

La yole m'a beaucoup appris. Ma mère a élevé 7 enfants et je n'étais pas le plus sage. J'étais même très turbulent. Mon service militaire à Lyon m'a permis d'ouvrir les yeux. La yole m'a aidé à poursuivre mon évolution. Avec mon équipage, nous avons été l'une des premières associations dirigées directement par les yoleurs. Négocier un contrat de sponsoring avec un partenaire, établir et gérer un budget, définir une politique pour la pratique de notre sport. Tout cela, il a fallu l'apprendre ensemble. C'était une période exaltante, car nous découvrions notre sport, et nous sentions que tout était à faire, à inventer, à imaginer. Ensemble nous avons défini les valeurs que nous voulions mettre en avant dans notre groupe : travail, rigueur, engagement, humilité, respect et amitié. Ces valeurs étaient sous-jacentes dans toutes les décisions que nous prenions.

Nous avons tout essayé. Nous nous sommes souvent trompés, mais nous n'avons jamais renoncé car nous étions tous des passionnés. Pour réussir dans ce sport il faut de la persévérance, du courage. C'est un combat physique et mental, contre les éléments et quelques fois contre soi-même. Il y a quatorze bonhommes dans une embarcation qui mesure 10,50 mètres de long et 2 mètres de large et ils doivent y vivre, ensemble, durant trois, quatre, cinq heures. C'est à ce moment que l'on mesure l'entente et la solidarité entre les hommes, l'esprit des équipes. Ça c'est formidable. Ce qui est beau aussi, c'est qu'il faut rester concentré du début jusqu'à la fin. L'erreur d'un seul peut entraîner le chavirage et la défaite pour tous. On est dans le même bateau, et l'expression y prend ici tout son sens. On perd ensemble, on gagne ensemble.

La yole est une école de vie, et toutes les valeurs qu'elle véhicule m'ont permis de forger ma vie d'homme. Et toutes ces expériences, je les ai aussi utilisées dans ma vie professionnelle.

Parti de la base comme simple chauffeur, et n'ayant pas fait d'études de gestion, j'ai quand même pu créer ma propre entreprise de transport que je dirige. Comme pour mes débuts avec la yole, il a fallu travailler, s'accrocher, persévérer.

Wendie est ma petite sœur. C'est une femme adorable que j'ai toujours soutenue, car je suis admiratif de son parcours. Lors de ses premières visites chez moi, au Robert, j'ai immédiatement vu que c'était une fille qui savait exactement ce qu'elle voulait. J'ai connu beaucoup d'Antillais qui sont partis ailleurs, à la recherche du meilleur, et qui n'y sont pas parvenus. Wendie, elle a tenu le coup. Malgré le choc de la perte très jeune d'un être cher, elle s'est accrochée. Partir à 16 ans, être « arrachée » à son île pour se retrouver dans le froid, dans l'inconnu, sans garantie de réussir, cela n'a rien de facile. Cela démontre aussi un trait de son caractère. Le parcours de Wendie doit inspirer notre jeunesse, car il prouve que malgré toutes les difficultés, lorsque l'on croit en soi, lorsque l'on travaille, lorsque l'on s'engage, lorsque l'on est rigoureux et sérieux alors la réussite n'est pas bien loin. Dans tout son parcours, dans toutes ses tranches de vie, chacun reconnaîtra des similitudes avec sa propre histoire. Pour moi, Wendie, c'est l'icône de la jeunesse de notre pays.

Aujourd'hui, quand je vois où elle en est, on ne peut qu'être fiers.

Même si elle est un peu réservée et qu'elle n'aime pas trop être mise en lumière, c'est le prix du succès, il faut assumer. Faire ce qu'elle réalise aujourd'hui, c'est formidable. Pour les jeunes, en Martinique, Wendie est un modèle. Je pense que, lorsque l'on a des parcours comme les nôtres, on se doit de les partager, de les transmettre. Divers facteurs interviennent dans la construction d'une femme ou d'un homme. Il y a bien sûr la famille, l'éducation. Mais la vie n'étant pas un long fleuve tranquille, cette construction se fait aussi à partir des rencontres, des expériences et aussi des objectifs et des buts que l'on se fixe. Et lorsque l'on découvre l'histoire de Wendie, on comprend que plus que tout autre, elle a dû se nourrir de ses différentes rencontres et aussi mettre en œuvre ses propres processus internes pour se construire. Et c'est ce voyage au gré de ses rencontres qu'elle vous propose de découvrir à travers ce livre. Notre jeunesse possède encore cet espoir et l'ambition de réussir. Toutefois, ce n'est pas chose facile, car l'environnement est de plus en plus hostile. Nos jeunes ont bien sûr l'envie de s'en sortir. Mais ont-ils cette passion, cette petite étincelle qui les fera basculer, pour aller un peu plus loin ? J'espère juste que ces tranches de vie que leur fera partager Wendie, fera naître cette étincelle. Et ce sera sans nul doute une autre de ses belles victoires.

— Félix Merine

INTRODUCTION

Ce livre est une partie de moi.

Le monde change, et nous avec.

Dans mon enfance, j'ai tout connu : le bonheur et l'insouciance, mais aussi la tristesse de perdre mon père et la compréhension de la vie, peut-être un peu plus brutale et précoce que les autres enfants, qui en découle.

Rien n'est fini si on y croit, si on regarde devant, qu'on relève la tête, que l'on écoute les anciens et ceux qui nous aiment.

Ne jamais dire : c'est impossible, je n'y arriverai jamais. La clé est de suivre des exemples positifs, d'agir avec respect en toutes circonstances, sourire, et demander de l'aide autour de soi. Il y aura toujours quelqu'un pour vous écouter et vous comprendre.

Mon histoire, mon parcours sont un tout, qui rassemble rire, tristesse, persévérance et chance.

LA COUPE DU MONDE 2019

« Tatane, c'est le jour J ! » Nous sommes le vendredi 7 juin 2019 et je me réveille surexcitée dans notre hôtel de Rueil-Malmaison, en banlieue parisienne. Je n'ai pas eu de difficulté à m'endormir et la nuit a été bonne. J'ouvre les yeux et interpelle immédiatement Gaëtane Thiney, ma coéquipière et camarade de chambre. Je ne parviens pas à dissimuler mon enthousiasme, ma joie et mon impatience. Cela fait des mois – pour ne pas dire des années – que j'attends ce moment. Tout le monde ne me parle que de ce match avec l'équipe de France contre la Corée du Sud depuis des semaines. Au Parc des Princes seront présents ma mère, ma tante, toutes mes sœurs, mon beau-frère, mon neveu, mes nièces, mon tonton, ma cousine et, à chacun, j'ai offert un maillot car c'est important pour moi de partager cette expérience avec ma famille. Vivre une Coupe du monde à domicile, c'est unique.

Dans quelques heures, nous disputerons le match d'ouverture du Mondial, le troisième pour moi, après celui de 2011 en Allemagne et celui de 2015 au Canada. J'ai tellement envie qu'on aille au bout cette fois-ci.

Tout au long de la journée, la pression monte. Mes coéquipières et moi avons tellement envie de bien faire, de gagner ce premier match contre la Corée du Sud pour nous mettre dans de bonnes dispositions dès le début de la compétition. Nous attendons la première composition d'équipe avec impatience. Quand la coach la dévoile, Valérie Gauvin, titulaire lors des précédentes rencontres, se rend compte qu'elle est sur le banc. Dans le car qui nous emmène au Parc des Princes, elle pleure, déçue. Je pose ma main sur son épaule. « Valou, arrête de pleurer, on va avoir besoin de toi. »

Nous arrivons au stade un peu avant 20 heures. Après un passage rapide au vestiaire, nous débutons la reconnaissance de la pelouse, la tension est palpable et l'ambiance se réchauffe avec la présence des supporters déjà installés. Certains crient nos noms, nous encouragent et je pense : « Ça y est, nous y sommes. » Nous avons tellement attendu ce moment, nos proches, les médias, les supporters nous ont tellement parlé de la Coupe du monde, en France et ce match d'ouverture, enfin, arrive après trois semaines de préparation intense. Maintenant, nous devons juste prendre du plaisir car nous faisons ce que nous aimons. Le stade va être plein. C'est un moment fort.

La première *Marseillaise* est somptueuse, j'en frissonne, j'ai rarement ressenti autant d'émotion et cette atmosphère nous transmet une force incroyable. Pendant l'hymne, je pense évidemment à mon père, Georges. Je me dis aussi que je ne peux pas me louper, ni décevoir les supporters dans le stade, ceux qui sont devant leur télévision, ma famille non plus. Dans l'envie, dans l'engagement, je dois me montrer présente et en entamant bien le match, nous mettons rapidement les gens de notre côté. La joie est magnifique après le premier but marqué par Eugénie Le Sommer après seulement neuf minutes de jeu. Sur le terrain, nous nous entendons à peine. Pour dire à Griedge Mbock Bathy, ma coéquipière en défense centrale, « Ça vient ! » je dois hurler beaucoup plus fort que d'habitude.

Je n'aurais pas pu rêver d'une soirée plus belle sur un plan personnel. C'est drôle car le jour du match, alors que nous préparons nos valises, Tatane me dit : « Je vais te faire marquer sur corner aujourd'hui. » Amusée, je lui dis : « Faut déjà que le ballon arrive dans la bonne zone ! » Je marque un doublé. Deux buts sur corner, comme Zinédine Zidane lors de la finale de la Coupe du monde 1998, en France, contre le Brésil. L'un venu de la droite, l'autre de la gauche. Comme Zizou que j'avais admiré lors de ce fameux été où j'avais vécu une immense joie avant de vivre la plus grande des peines, avec la disparition de mon papa. Gaëtane Thiney, ma camarade de chambre, me sert sur le premier but, Amel Majri, ma coéquipière à Lyon, sur le second. Cela fait un moment que je n'ai pas marqué en équipe de France. Depuis l'arrêt de Louisa Necib, c'est plus compliqué pour moi sur les coups de pied arrêtés. Même si Camille Abily parvenait parfois à me donner de bons ballons dans les phases de jeu arrêtées, avec Louisa on se connaissait par cœur. Le marquage sur moi est vraiment strict, alors il faut que le ballon arrive dans la bonne zone, au bon moment et à la bonne hauteur. Souvent je fais la différence sur mes premiers appuis, si le ballon n'arrive pas bien, c'est très difficile après. Si dans un match, Louisa tirait dix corners, je savais où le ballon allait arriver huit fois sur dix. Ce soir-là, contre la Corée du Sud, tout est presque parfait, ma bonne étoile veille. Après ces deux buts, mes pensées vont évidemment à mon papa, je lui dédie ce doublé auquel j'aurais aimé qu'il assiste, physiquement. De là où il est, il veille sur moi. Amandine Henry marque le quatrième but d'une sublime frappe et vient conclure cette soirée de rêve. Nous avons gagné notre premier match 4-0, le public a été enchanté par notre performance et nous sentons déjà qu'un lien fort et intense est en train de naître entre les supporters et l'équipe de France.

Après le match, Dzsenifer Marozsán, ma coéquipière à l'OL qui joue la Coupe du monde avec l'Allemagne, m'envoie un message plein d'humour dans lequel elle me dit : « Tu es meilleure buteuse, mon amie. » Cela me fait beaucoup rire.

Avant le début du tournoi, je savais que je n'étais pas au top au niveau de la confiance. Je faisais tout pour que ça se passe bien mais, sur le terrain, quand je suis en confiance, je sais que je suis capable de réaliser de plus grandes choses encore. Par moment, je me suis quand même demandé si j'avais ma place dans cette sélection alors que j'ai toujours dit que j'étais prête à tout pour défendre ce maillot. Je suis finalement partie dans l'optique de vivre cette compétition unique à fond. J'ai trop souffert intérieurement pour des choses qui n'avaient pas lieu d'être.

Après ce premier match, je me dis immédiatement que la suite de la compétition va être compliquée pour moi. Je dois redoubler d'attention et rester dans ma bulle. Je suis très contente d'avoir marqué à deux reprises, mais je suis consciente que l'attention va être quatre fois plus focalisée sur moi étant donné que toutes les équipes regardent le match d'ouverture de la Coupe du monde. Je ne me trompe pas puisque j'apprends que les Norvégiennes, que nous devons affronter lors du deuxième match de poule, ont demandé à leur attaché de presse, qui mesure deux mètres, de jouer mon rôle à l'entraînement pour travailler les coups de pied arrêtés. Déjà, en temps normal, le marquage est assez rude, alors là, je risque d'être bien secouée.

Cinq jours après notre belle performance à Paris, nous jouons donc notre deuxième match à Nice, contre la Norvège. Contrairement à Paris ou Rennes, où nous devons jouer le troisième match, les places ont mis plus de temps à se vendre mais le stade est finalement plein. L'ambiance en tribunes est géniale. Une fois encore, la *Marseillaise* nous fait vibrer. Sur le terrain, en revanche, rien de transcendant. Notre jeu est moins fluide que lors du premier match. Valérie Gauvin a retrouvé le sourire, elle est titulaire et marque le premier but juste après la mi-temps. Moins de dix minutes plus tard, je vis une première dans ma carrière professionnelle. Je marque un but contre mon camp. Que se passe-t-il ? Je cours vers mon but avec deux attaquantes adverses. J'en vois une aller au centre mais je ne vois pas la seconde. Pour moi, elle est forcément dans mon dos. Je veux assurer et mettre le ballon en corner. Amel Majri me parle, mais je n'entends pas bien ce qu'elle me dit. J'ai l'impression que c'est « Prends le ballon ». Après le but, je la regarde et l'interroge : « Tu m'as parlé ? » Elle me répond : « Oui, je t'ai dit "laisse". » Je manque mon geste. Je ne réussis pas à ouvrir ma hanche comme je le souhaite. Je ne prends pas bien le ballon que je pousse dans mon propre but. Une situation défensive à laquelle j'ai été confrontée à de nombreuses reprises, à l'entraînement, comme en match, mais pour la première fois je trompe ma propre gardienne. Je ressens une très grande honte. Derrière, je ne me laisse pas abattre. Heureusement, Eugénie Le Sommer marque sur penalty et nous remportons ce match 2-1. Mais il s'agit d'une alerte. Ça me démontre qu'il faut toujours rester aux aguets. Chaque expérience négative me donne envie de mettre la barre plus haut, de garder plus de concentration, d'être plus rigoureuse. Tout de suite après la rencontre, la coach me lâche un simple : « Il n'y a pas de conséquence… » Le lendemain du match, l'entraîneur des gardiennes, Gilles Fouache, me glisse quelques mots d'encouragement ; il veut me réconforter après ce but contre mon camp et me dit de garder confiance en mon jeu.

Un doublé lors du premier match, un but contre mon camp lors de second, que me réserve le troisième, à Rennes, contre le Nigeria, ce lundi 17 juin ? Encore une fois, et c'est très important, le public est au rendez-vous. Le moment des hymnes est très fort. Les supporters, déjà présents en nombre à l'arrivée du car, nous encouragent avec ferveur durant toute la rencontre. Mais sur le terrain, nous ne dominons pas notre sujet. Les Nigérianes, combatives, nous gênent considérablement. Elles ne laissent que très peu d'espaces et nous, nous manquons de justesse dans les trente mètres adverses. Heureusement, à la 73e minute, Viviane Asseyi obtient un penalty. Elle fait partie des joueuses désignées avant la rencontre pour les tirer avec Eugénie et moi. Toutefois, comme la faute a été commise sur elle, pendant que l'arbitre consulte le VAR, Griedge discute avec moi pour savoir qui va tirer, et c'est moi qui me présente pour frapper. J'ai observé la gardienne avant la rencontre, elle a tendance à anticiper, je décide de faire un pas d'arrêt, un geste que je maîtrise. Je la prends à contre-pied mais ma tentative échoue sur le poteau. Je peste : « Ça ne va pas continuer ! » Heureusement, le VAR intervient et l'arbitre désigne de nouveau le point de penalty. Ma première réaction : « Merci mon Dieu. » Eugénie me demande : « Tu veux tirer ? ». Je ne sais pas si on peut changer de tireuse.

Je demande à Amandine Henry, notre capitaine, qui va voir l'arbitre qui lui confirme que je peux y retourner, ou changer si je le souhaite. Amel Majri m'encourage : « Wendie, tu fais quoi ? Prends le ballon, vas tirer comme tu le fais habituellement. » Dans ma tête, il me faut marquer, enfoncer la gardienne dans le but. La seconde tentative est la bonne, je marque et je fête ce but, qui délivre l'équipe, notamment avec les remplaçantes. Derrière, j'entends que je n'aurais pas dû célébrer mon but. Que je manque d'humilité et de respect. Je trouve ça hyper dur. Je comprends également que les choses vont très vite. Après mon doublé contre la Corée du Sud, tout le monde m'adorait. Après le but contre mon camp, j'ai même été la cible d'insultes racistes sur les réseaux sociaux. Cela aide à garder la tête froide.

Sans avoir brillé, nous nous retrouvons en huitièmes de finale contre le Brésil. Direction Le Havre. Le match est encore très difficile. Au stade Océane, devant un public survolté, nous ouvrons le score par Valérie Gauvin qui profite d'un excellent centre de Kadi Diani à la 52e minute. Notre bonheur dure exactement onze minutes, le temps pour Thaisa d'égaliser pour les Brésiliennes et de leur offrir la prolongation car nous sommes collectivement incapables de faire la différence. Cette fois-ci, Amandine Henry marque le but de la délivrance sur un coup franc d'Amel Majri à la 106e minute. Notre jeu est loin d'être flamboyant mais nous obtenons notre billet pour les quarts de finale et ce rendez-vous tant attendu face aux États-Unis au Parc des Princes. Depuis le tirage au sort, en décembre 2018, ce match est fantasmé. Si nous le gagnons, nous irons à Lyon disputer les demi-finales. Je rêve de jouer un match de Coupe du monde au Groupama Stadium. À chaque fois que passe devant le stade, à chaque match de championnat à domicile, durant la saison, j'y pense.

Le match d'ouverture était fou. Le quart de finale des États-Unis est encore un cran au-dessus en termes d'ambiance, d'émotion et de partage avec le public. Le matin de la rencontre, je me réveille confiante. Je dois avouer qu'on a bien envie de changer notre histoire face tenantes du titre. Ce serait un tel exploit ! Je me dis qu'avec l'appui du public, nous pouvons faire quelque chose d'immense, d'historique. Je connais bien certaines joueuses américaines. Elles dégagent une force collective impressionnante, mais elle savent aussi que nous sommes capables de faire de grandes choses contre elles. Je me souviens notamment d'une victoire en SheBelieves Cup, en mars 2017, où nous les avions largement battues 3-0. Nous ne leur avions fait aucun cadeau et dans l'agressivité, nous avions été à la hauteur. Dans ma tête, je me fais un plan : leur mettre la pression durant les vingt premières minutes, marquer en premier pour les faire douter.

Malheureusement, je déchante très vite puisque nous prenons un but dès la 5e minute. Un coup franc de Megan Rapinoe nous assomme. C'est dommage de prendre ce but aussi tôt. Nous étions pourtant averties, nous savions. Avec le recul, j'ai des regrets sur les deux buts et notamment sur ce coup franc : nous aurions dû laisser quelqu'un au premier poteau. Nous ne baissons pourtant pas les bras, portées par un public extraordinaire, nous réalisons une seconde période intense où nous avons plusieurs opportunités de revenir. Mais Rapinoe nous met un second but à la 65e minute. Il reste du temps et un miracle est encore possible d'autant que je réduis le score à dix minutes de la fin en reprenant un coup franc de Gaëtane Thiney. C'est mon quatrième but dans ce tournoi, le public du Parc exulte et scande mon prénom. Mais ce n'est pas terminé, j'en veux plus, que nous allions chercher cette demi-finale. Je harangue les spectateurs pour qu'ils nous poussent encore plus, je demande à mes coéquipières de ne pas abandonner. Il reste une grosse dizaine de minutes, nous pouvons le faire. À la 86e minute, Amel Majri centre, la main de Kelly O'Hara touche le ballon dans la surface américaine, mais l'arbitre ne bronche pas, ne sollicite même pas le VAR pour vérifier. Nous protestons mais rien n'y fait. Quelques minutes plus tard, elle siffle la fin de la rencontre, c'est terminé. Nous nous écroulons sur la pelouse, en larmes. Nous sommes éliminées de notre Coupe du monde. Les supporters du Parc des Princes, qui ont apprécié la manière dont nous nous sommes battues et nous ont encouragées jusqu'au bout, nous acclament. La coach nous réunit au centre du terrain, mais je suis tellement sous le choc que j'entends à peine ses paroles.

Nous passons ensuite devant la presse. Il faut faire le boulot jusqu'au bout et assumer cette élimination. Nous n'irons pas à Lyon. Le lendemain, nous nous séparons dans une tristesse absolue. Nous n'avons évidemment pas atteint notre objectif premier qui était de remporter le trophée. Alors oui, et j'en suis fière, les Français ont suivi cette Coupe du monde. Mais nous aurions tellement aimé leur apporter une deuxième Coupe du monde après celle des garçons, en Russie, en 2018. Ce Mondial en France a été beau, mais il gardera, pour moi, un goût d'inachevé car mon souhait le plus cher était de soulever cette Coupe, le 7 juillet, à Lyon. Après quelques jours, d'abord au Maroc, puis en Martinique afin de me ressourcer auprès des miens, dix-neuf des vingt-trois mondialistes se retrouvent à Clairefontaine, le lundi 26 août, presque deux mois jour pour jour après notre élimination.

Cinq jours plus tard, l'équipe de France effectue sa rentrée à Clermont contre l'Espagne, en amical. Comme toutes les joueuses, j'ai une discussion avec la coach et son staff. Durant cet entretien, elle me dit ce qu'elle a pensé de mon Mondial : « Tu as réalisé une Coupe du monde moyenne. Dans un même match, tu as alterné le bon et le moins bon. » Je réponds simplement : « Je sais que je suis capable de faire beaucoup mieux, à l'image de l'équipe. Mais pour pouvoir faire beaucoup mieux, il aurait fallu que je sois sereine. Or, cela fait deux ans que nous sommes en conflit. Et je ne sais même pas pourquoi. J'aurais aimé avoir plus de confiance. »

Je repense aux deux dernières années en sélection. Elles n'ont vraiment pas été les plus faciles pour moi. L'idée, ici, n'est pas de régler des comptes. Je suis comme mon père, quand je vois poindre un conflit, je préfère tout faire pour le régler avant que les choses n'aillent trop loin. Jusqu'ici, je me suis très peu exprimée sur ma relation avec la coach pour la simple et bonne raison que je déteste la polémique. Cependant, j'ai entendu tellement de choses fausses et farfelues autour du sujet, que je souhaite donner ma version des faits. La façon dont moi j'ai vécu cet épisode. Les gens se feront ensuite leur propre opinion.

Fin août 2017, lorsque Olivier Echouafni est remplacé par Corinne Diacre, je suis autant déçue pour le premier, que j'apprécie beaucoup, que ravie pour la seconde, que je connais un peu pour avoir travaillé avec elle quand elle était adjointe de Bruno Bini en sélection. Trois ans plus tôt, lorsqu'elle avait été nommée entraîneure de Clermont Foot, devenant la première femme à diriger une équipe professionnelle de football, j'avais fait part à Fred Labiche, mon conseiller, de ma joie de la voir occuper un tel poste. Pour moi, c'était un signe fort qu'une femme puisse enfin accéder à de telles responsabilités. Je suis également heureuse de travailler de nouveau avec elle car je me souviens d'entraînements spécifiques défenseures très intéressants en sélection. Bref, pour moi, cette nomination augure de belles choses. Je vais vite déchanter.

Le tout premier rassemblement de l'ère Corinne Diacre commence le lundi 11 septembre 2017. Je fais partie des 23 premières joueuses qu'elle convoque pour affronter le Chili, le vendredi 15 septembre à Caen puis l'Espagne, trois jours plus tard, à Calais.

Dès les premières heures, j'observe attentivement et je sens une atmosphère étrange. J'avais créé un groupe WhatsApp pour les internationales sur lequel nous échangions des infos concernant les horaires, les entraînements… Le mardi, « Lolo » (Laura Georges) a un entretien individuel avec la coach et à la suite de cet entretien, je constate qu'elle se met à envoyer des messages dans lesquels elle nous donne plein d'infos. Je suis étonnée, mais je continue d'observer. Je me rends compte aussi que la sélectionneuse m'adresse à peine la parole. Le lendemain, pendant l'entraînement de l'après-midi, elle vient me voir et me donne rendez-vous avant le repas, à 19 heures. La journée se déroule tranquillement et à 18h50, je passe un coup de fil à Fred Labiche, mon conseiller, pour lui dire que je suis en route pour le rendez-vous avec la coach et son adjoint. J'appréhende un peu et cet appel me permet d'être un peu rassurée. À 19 heures, je les retrouve. La coach commence à me parler. « On souhaitait te voir par rapport au brassard de capitaine car je trouve que tu es à 40 % de tes capacités en équipe de France. À Lyon tu te balades, le niveau est facile, en Coupe d'Europe aussi, mais le niveau international, tu ne l'as pas encore franchi. » Je tombe des nues, sonnée. Je ne sais pas quoi répondre. Je demande : « Ça veut dire que je dois être plus égoïste ? » Elle me répond : « Non pas forcément, peut-être que le brassard te prend trop d'énergie, donc je souhaite que tu te recentres sur tes prestations individuelles, mais que tu continues à faire ce que tu faisais auprès des jeunes. » Elle me dit aussi que je fais toujours partie de ses cadres avec Lolo et Amandine.

Et qu'elle s'interroge sur la situation de Lolo, que son manque de temps de jeu et surtout son poste d'élue à la FFF rendent difficile.

Même si je m'attendais à ce qu'elle change de capitaine – beaucoup d'entraîneurs le font quand ils reprennent une équipe – la manière est un peu rude. Je lui réponds que je ne suis pas d'accord avec elle concernant mes performances. Je n'ai jamais triché en équipe de France. Mais j'accepte sa décision. Toutefois, j'ai la sensation que les choses ne sont pas claires, qu'on ne me dit pas tout.

À 19h05, la discussion est terminée. Quatre ans de capitanat balayés en moins de cinq minutes. Je retourne dans ma chambre et rappelle Fred. « Le rendez-vous a été annulé ? » s'étonne-t-il. « Non, c'est déjà fini. » « Mais non, tu plaisantes… » Non je ne plaisante pas. Si la discussion a été brutale, ce n'est rien comparé à toutes les déclarations dans la presse qui vont suivre. « Wendie Renard n'aura pas le brassard, pas avec moi. C'est un choix de ma part. C'est une joueuse comme une autre », dit-elle par exemple lors d'une conférence de presse. En tant que capitaine, je n'ai jamais été autoritaire, faisant passer le collectif avant. J'ai toujours dit que si tout le monde se comportait en leader, l'équipe serait forcément plus forte. Je pense sincèrement que si chacun est exigeant avec lui même, c'est bénéfique pour le groupe.

Au début, je me suis dit qu'elle voulait me piquer, comme elle le fera d'ailleurs avec plusieurs joueuses. Mais les stages se succèdent et cette affaire du brassard va trop loin. L'atmosphère n'est ni honnête, ni saine. Ma mère m'appelle en pleurs car elle ne comprend pas ce qu'il se passe. Je ne veux pas lui raconter toute l'histoire pour ne pas la peiner. Elle se met à répondre aux gens qui m'insultent et me taillent sur les réseaux sociaux.

Nous arrivons à notre hôtel à Caen et Lolo souhaite me parler. Je m'en souviens très bien, c'était un jeudi, l'OL jouait en Ligue Europa ce soir-là. Elle toque à ma porte. « Wen, il ne faut pas que le retrait du brassard t'attriste, si tu veux parler je suis là. » Je réponds : « Laura, tu me connais très bien, je me fous de qui porte le brassard, mais il faut respecter les gens. J'observe tout depuis le début, et j'ai l'impression qu'on n'est pas honnête avec moi. »

Je dispute le premier match à Caen, contre le Chili, comme titulaire. Ce soir-là, c'est Laura Georges qui est capitaine. Nous gagnons 1-0 grâce à un but de Viviane Asseyi. Après ce match, une fois arrivée dans l'autre hôtel, je sollicite un autre entretien avec la coach. Là encore, la discussion s'envenime puisqu'elle remet en cause mon éducation. Visiblement, le fait que je porte souvent une casquette la dérange... Mais les casquettes font partie de la dotation quand on vient en équipe de France. Et jamais il n'a été dit qu'elles étaient interdites. Les portables le sont à table. Et je respecte la règle. Si la règle avait été de ne pas porter de casquette, évidemment que je n'en aurais pas porté…

Trois jours plus tard, nous devons jouer à Calais contre l'Espagne. À l'échauffement lors d'un exercice de conservation de balle, je ressens une petite douleur au psoas. Habituellement, j'aurais peut-être forcé, mais là, mentalement, je ne le sens pas. Je ne veux pas prendre de risque et je préviens le staff que je suis blessée et que je ne pourrai pas jouer. Les Bleues s'imposent 3-1, avec Amandine Henry cette fois-ci comme capitaine mais sans moi, et je rentre à Lyon le moral en berne.

Les choses que j'entends et que je lis à mon sujet à ce moment-là me touchent énormément. J'ai la sensation que l'on salit mon nom gratuitement. Sans savoir ce qu'il se passe, on se gargarise des déclarations de la coach. Mes proches et les gens qui m'apprécient tombent des nues, ceux qui ne m'aiment pas se réjouissent.

Entre septembre et décembre, j'enchaîne les petites blessures, liées à mon mal-être. Je pense à arrêter la sélection, mais ce n'est évidemment pas la bonne solution. Je me tourne vers quelqu'un pour m'aider à travailler sur la gestion de ce moment difficile. Mon entourage proche m'aide beaucoup aussi. Pourtant, en décembre, lors de la trêve, je décide de partir loin de la France, de ma famille aussi à qui je demande de me laisser tranquille. Je mets mon téléphone portable de côté, je m'envole pour la Thaïlande et je profite de cet isolement pour me poser les bonnes questions. Ce n'est pas possible, je ne suis plus moi-même, je subis les choses. Je prends donc la décision de poursuivre en sélection surtout pour tenter de réaliser mon rêve : remporter un titre avec le maillot de mon pays. J'estime, par ailleurs, que je ne mérite pas le traitement que j'ai reçu par rapport à tout ce que j'ai donné en équipe de France depuis 2011.

Lors du premier rassemblement de 2018, le lieu de rendez-vous change : j'arrive à Montpellier regonflée à bloc. Pour lui dire bonjour, je tends la main à la coach. Je vois immédiatement un changement sur son visage. Elle lâche : « Il va falloir que tu rentres vite dans le rang si tu ne veux pas rester chez toi. » Après lui avoir fait répéter sa phrase, je lui réponds simplement : « Je ne savais pas qu'il fallait faire la bise à la sélectionneure pour venir en équipe de France. Je vous ai dit bonjour, je ne vous ai pas manqué de respect, mais je ne vous donne plus mon visage. »

Cette décision n'a pas été facile à prendre, j'ai hésité jusqu'à la dernière minute. Mais j'ai beaucoup souffert de son désaveu et de sa brutalité, et en ce début de nouvelle saison, je devais me retrouver.

Après cela, je continue à venir en sélection, mais je reste à ma place. Je m'efforce de faire comme si j'étais en club, mais c'est difficile. À chaque fois que la date du rassemblement approche, je me sens mal, je suis prise de terribles maux de ventre. Je donne le maximum en match, et je fais tout comme d'habitude pour être irréprochable et professionnelle dans mon attitude.

En rentrant en Martinique, l'été suivant, je vais rendre visite à mon parrain, chez lui, sur les hauteurs de Fort-de-France. Sur sa terrasse, nous avons une discussion à bâtons rompus sur la situation. Nous nous ressemblons, il sait ce que je ressens, que ce n'est pas tant le retrait du brassard qui m'a affectée que la façon dont cela a été fait. Son conseil : « Tu dois faire avec, ne baisse pas les bras. Garde la tête haute. » C'est ce que je fais jusqu'à ce fameux 7 juin.

Pour moi, c'était une affaire de confiance et de maîtrise, car contrairement à ce qui a pu être dit et écrit, je n'étais pas fatiguée même si la saison avec l'Olympique Lyonnais avait été longue. Lucy Bronze a fait la même saison que nous, et elle est arrivée en demies avec l'Angleterre qui a disputé, et perdu, le match pour la 3e place contre la Suède 2-1. La fatigue est une excuse. À part le premier match où nous avons joué libérées, nous avons manqué de maîtrise lors des quatre autres rencontres et, à titre personnel, je ne me sentais pas totalement en confiance. Mais il faut aussi savoir rester humble. La Coupe du monde l'a prouvé : lors du premier match je marque un doublé, au second je marque contre mon camp. Le football donne des leçons de vie. Il faut savoir les entendre pour avancer. Je vais en équipe de France car j'aime ce maillot, j'aime le porter, j'aime le défendre. Tant que j'aurai le niveau pour prétendre à la sélection, je ferai tout pour réaliser mon plus grand rêve, qui est de gagner un titre avec mon pays. Je l'ai toujours dit : je sais qui je suis et je sais d'où je viens. Il faut savoir rester humble, entendre et comprendre les leçons que nous donne la vie, elles nous font grandir et nous permettent d'atteindre nos objectifs.

LE PRÊCHEUR

Enfant, j'entendais souvent : « Préchè dèyè dó bondyé, zot n malediksyón. » (Le Prêcheur est dans le dos de Dieu, vous avez une malédiction). C'est vrai qu'une fois arrivé au Prêcheur, vous êtes obligé de faire demi-tour car c'est la dernière commune du quart Nord-Caraïbes de la Martinique. Certaines personnes disaient qu'il n'y avait rien à faire au Prêcheur, que nous n'avions rien. Ils se trompaient, c'est totalement faux. D'ailleurs, si on prend les choses dans l'autre sens, le Prêcheur est la première commune du Nord-Caraïbes. Pour moi, c'est un petit coin de paradis, niché entre un volcan, la Montagne Pelée, et la mer des Caraïbes. Je n'y suis pas née car ce village essentiellement recouvert par la forêt et qui ne compte même pas mille cinq cents habitants est tellement petit qu'il ne possède pas d'hôpital. Mais après avoir vu le jour à Schoelcher (à cinquante minutes en voiture), j'ai passé les quatorze premières années de ma vie au Prêcheur. Et quelle vie !

Mon premier souvenir marquant du Prêcheur, c'est le phare. Celui, tout blanc, qui se trouve à côté de l'école maternelle, pratiquement en face de la Poste et de la rue pour monter jusqu'à ma maison. Une lumière rouge y tourne sans interruption pour alerter les bateaux. Ce phare représente un symbole pour nous, Préchotins. Quand nous donnions notre adresse à quelqu'un, nous lui disions de se repérer à partir de ce monument. « Quand tu vois le phare, il faut tourner à droite. » Il guide aussi les visiteurs en quelque sorte.

Même si c'est tout petit, nous ne manquions de rien au Prêcheur. Et puis, comme je le dis souvent, quand tu n'as pas connu autre chose, tu ne peux pas dire qu'ailleurs est meilleur. Nous vivions bien dans notre commune, dans notre cité. Bien sûr, il nous arrivait d'en sortir, de rejoindre, à côté, Saint-Pierre, pour nous ravitailler en essence dans la station-service la plus proche. Ou pour faire de grosses courses. Nous allions aussi voir les tontons et taties qui y vivaient. Voilà, Saint-Pierre représentait cela pour moi : la ville de passage. Je l'ai vraiment découverte un peu plus tard, à mon entrée au collège.

Maman nous emmenait aussi régulièrement « en ville », à Fort-de-France. Mais je passais le plus clair de mon temps au Prêcheur.

Évidemment, à l'époque, le terrain est mon endroit préféré. Pas n'importe lequel : celui de foot. En 14 ans, j'ai passé beaucoup d'heures et de jours dans le stade situé à portée de voix de la maison familiale. La première fois, j'y mets les pieds avec des copains de la cité Coquette où je vis, principalement des garçons. Nous avons quasiment tous le même âge et sommes scolarisés au sein de la même école. Nous nous retrouvons sur le petit terrain et disputons des « swé » (des suées). Avant de nous éclipser, nous prévenons nos parents puis nous partons pour de longues heures de football jusqu'à ce qu'ils nous appellent : « C'est l'heure de rentrer. Wendie ! Tu as école demain », crie ma maman, Marie-Helena. Le lendemain, rebelote après les cours. Pourtant, me faire une place n'a pas été aisé. Au début, les gars ne veulent pas de moi parce que je suis trop jeune et trop petite mais jamais ils ne me disent : « Non, tu ne joues pas parce que tu es une fille. » Les garçons qui organisent des « swé » jouent en équipe première à l'Essor Préchotin, le club de foot de la ville et, avec les autres petits de mon âge, nous observons, nous ramassons le ballon et attendons patiemment notre tour. Quand il manque un gardien, les grands m'envoient parfois au but. J'en profite pour faire le goal volant et trouve ainsi le moyen de jouer avec eux. Du coup, quand je suis enfin en âge de jouer, vers 10-11 ans, je suis présente tous les jours. La première sur le terrain. Je sors de l'école, je ne dépose même pas mon sac, je le balance dans la chambre, je me change et fonce au terrain.

Souvent, lors de mes matches de foot, je cours torse nu. J'ai eu des seins tard et ça m'a bien arrangée. Quand je faisais de l'athlétisme, une dame avait même lancé à ma mère que je n'aurais pas de poitrine. Cela m'importait peu, j'étais un petit mec. D'ailleurs, la première échographie avait révélé à ma mère que j'étais un garçon. Mon père était super content. Avec ma mère, qui avait déjà quatre enfants, ils ont donc essayé une dernière fois. Finalement, l'échographiste s'était trompé. Mon père était néanmoins ravi de mon arrivée et, en quelque sorte, il l'a eu son petit garçon car parmi ses enfants, je suis la plus sportive.

Du triathlon, de l'athlétisme, du handball, j'ai pratiqué de nombreux sports au Prêcheur. Quand vers 12 ans, le manager de Schoelcher m'a proposé de rejoindre son club de triathlon, j'ai d'abord refusé, trop loin de chez moi. Sans entraînement spécifique, je participais parfois à des triathlons organisés, le dimanche, je prenais un dossard et je venais habillée en conséquence. En grandissant près de la mer, j'ai appris à nager naturellement, sans m'en rendre compte. Toute petite, j'allais à la pêche avec mon tonton Darius, ma tatie Laure ou avec John, un Dominicain arrivé très jeune en Martinique que ma mamie a accueilli comme son fils, et les pêcheurs des Abymes, une plage du Prêcheur. Tu entres dans l'eau et tu te dis : « Mince, il faut nager. » Pendant les vacances, avec les gars de la cité, nous partions après le déjeuner et nous restions sur le quai des Abymes jusqu'à dix-huit ou dix-neuf heures. Forcément, ça aide à progresser en natation. Concernant le vélo… J'empruntais souvent celui de mes amis jusqu'au jour où mon parrain m'en a offert un, vers l'âge de sept ans, mais mon père me l'a enlevé aussi sec après un accident. En compagnie d'autres enfants, nous montions à la Glacie, qui a donné son nom à un chemin qui passe près de chez ma mère et arrive jusqu'à la rivière. Le but était de faire la descente à fond. Un jour, je grimpe donc tout en haut avec mes amis. Je m'élance la première sur mon nouveau vélo. Et là, Danielle, la fille d'une voisine, se met au travers du chemin, les bras en croix, en criant. Aujourd'hui encore, je n'ai toujours pas compris la raison qu'il l'a poussée à agir ainsi. Elle pense que je vais freiner, moi qu'elle va s'écarter et, penchée sur mon vélo, à fond comme les cyclistes du Tour de France quand ils descendent, je la percute, la traîne alors que ses cheveux restent coincés dans une roue du vélo. Je finis par m'arrêter et je constate qu'il y a du sang partout sur le sol. Mon papa n'est pas là. Ma maman oui. En entendant le bruit, les parents sortent de chez eux, choqués. Dieu merci, il n'y a pas trop de casse mais aujourd'hui, Danielle doit avoir une cicatrice sur la tête. En apprenant ce qui s'est passé, mon père confisque évidemment la bicyclette et me passe un savon mémorable : « Ton parrain vient de t'acheter un vélo et tu commences à faire n'importe quoi. » Il m'avait prévenue qu'en cas de bêtise, il amènerait l'engin au Lorrain, dans sa maison familiale. Ça n'a pas manqué, il a embarqué le vélo et j'ai dû attendre un moment avant de le récupérer.

Au triathlon, le vélo et la course étaient les disciplines où j'étais le plus à l'aise au contraire de la natation, faute de me servir correctement de mes bras et de mes jambes. Malgré un bon potentiel, je faisais surtout ça pour m'amuser et je ne voulais pas en faire ma carrière. Le handball, en revanche, j'adorais ça. Si je n'avais pas choisi le foot, j'aurais persévéré dans cette discipline, c'est une évidence, car j'étais plutôt performante. Il n'y a pas toujours eu une équipe de handball au Prêcheur. L'idée d'en créer une est venue de plusieurs personnes de la Cité Coquette : Catherine, Annick, Patrick, Marie-France. Par moment, il manquait des joueuses, je me joignais donc à l'équipe avec beaucoup de plaisir, ce qui m'a permis de disputer deux ou trois matches, en pivot ou, sur les côtés, comme ailière. Je mettais des roucoulettes, un geste technique pour donner beaucoup d'effet à la balle quand on veut marquer. À un moment, j'ai dû choisir entre le hand et le football. Je me souviens parfaitement du jour où il a fallu faire ce choix, un dimanche. Je dois avoir 14 ans et je sors de la messe. On doit disputer un match de hand vers 9-10 heures. et au moment de prendre pour m'y rendre, mon cousin Patrick, qui est aussi mon entraîneur à l'Essor Prêchotin, m'intercepte. « Où vas-tu comme ça ? » « Je vais à mon match de hand. » « Cet après-midi, on a match, va chercher tes affaires de foot. » « C'est bon, je vais faire les deux. » « Non, tu ne vas pas faire les deux, tu vas devoir faire un choix. » La mort dans l'âme, je suis retournée chercher mes affaires de football à la maison. Le choix n'a évidemment pas été facile. Mais il est vrai que j'en faisais beaucoup. J'avais tellement d'énergie qu'il fallait que j'en dépense. Certains week-ends, je jouais au football le samedi après-midi, j'avais un triathlon le dimanche matin, ensuite j'enchaînais avec le hand ou le foot et parfois j'allais faire des petites « swé » avec les garçons de la cité le dimanche après-midi. Ce qui était positif c'est que ma maman savait que je ne faisais pas n'importe quoi. Elle savait que si je n'étais pas à la maison, c'est parce que j'étais sur le terrain ou, plus rarement, chez un ami pour jouer à la Playstation.

De toute façon, à l'époque, la délinquance est rare au Prêcheur, à part peut-être deux ou trois gars qui viennent voler chez les gens mais, dans la rue, nous ne craignons pas de nous faire agresser. Nous nous connaissons tous. Nous, les plus jeunes, savons aussi que si nous faisons une bêtise, notre mère sera au courant avant que nous ayons le temps d'arriver à la maison. Il y a toujours une voisine pour appeler la maman du fautif. Et ce dernier sait qu'elle l'attendra devant la porte d'entrée de la maison : « Allez vas-y, qu'est-ce que tu as fait ? » Et là, impossible de trouver une échappatoire.

À ses cinq filles, ma mère a donné une éducation stricte, liée au fait que mes grands-parents avaient été très durs avec leurs enfants, surtout avec les deux premiers, Tonton Darius et ma mère qui, plus jeunes, ne déjeunaient pratiquement pas car, entre midi et deux, ils devaient assez régulièrement nourrir et donner à boire aux bœufs qui étaient attachés je ne sais où. Les sorties étaient également interdites et si, par miracle, ma mère obtenait l'autorisation de s'éclipser, elle devait être ponctuelle au moment de rentrer. Si ma grand-mère lui disait d'être à la maison à 19 heures et qu'à 19h01, elle n'était pas là, elle prenait une volée. Ma mère a quand même souffert, j'en ai conscience, mais elle a essayé de nous offrir une bonne éducation. Au pays, par pudeur, dire « je t'aime » à ses enfants, est rare. Ma grand-mère ne l'a jamais dit à ma maman et à ses autres enfants. Mes sœurs et moi l'avons peu entendu quand nous étions plus jeunes. Ma mère le dit plus facilement aujourd'hui. Nous lui avons dit que nous ne lui en voulions pas. Au contraire, je suis fière d'elle car grâce à cette éducation, aucun de ses enfants n'a dérivé. Nous travaillons, nous avons nos foyers, nos maisons. Évidemment, personne n'est parfait mais pour moi ma mère est la meilleure et je l'aime.

Je n'ai pas connu son papa, mon papi, malheureusement parti quand ma maman était jeune. En revanche, j'ai eu la chance de pouvoir côtoyer ma mamie Denise durant quelques années. Quand je l'ai connue, elle perdait déjà un peu la tête. Peut-être pas tant que ça d'ailleurs, car elle était très maligne. Sur sa chaise roulante où elle passait ses journées après l'amputation de sa jambe à cause de sa mauvaise circulation du sang, elle n'avait évidemment plus le droit de boire d'alcool mais dès que ses enfants s'absentaient, elle envoyait son petit-fils, mon cousin Jean-Luc, lui acheter une bouteille de rhum chez Madame Carmen ou Man Chichi, qui tenaient les épiceries aux Abymes. Elle aimait boire son petit rhum blanc sec ! C'était drôle mais quand ma mère me décrit tout ce qu'elle a vécu dans son enfance et quand je me souviens de ma mamie, difficile de l'imaginer ainsi.

L'époque était différente, plus difficile aussi, et pour gagner un peu d'argent, Mamie Denise prenait cinq ou six lessives de personnes différentes puis elle partait dès 6 heures du matin avec ses enfants, Tonton Darius et ma maman, près de la rivière pour laver les vêtements. Évidemment, les enfants devaient l'aider. Une fois le linge lavé, elle devait repasser jusqu'à pas d'heure. Ma mamie était une travailleuse dans l'âme, elle vendait du poisson, faisait du boudin, de la blanchisserie… Débrouillarde, elle n'attendait rien de personne.

Sauf sur la fin, quand l'amputation de sa jambe l'a rendue moins libre de faire ce qu'elle souhaitait, plus dépendante de nous, ce qu'elle n'aimait pas du tout. Un peu « sireuse » (embêtante) comme on dit chez nous, elle ne restait pas en place, elle était même, par moment, « chiante » et ce n'était pas facile de la voir comme ça. Après toute une vie libre de ses mouvements, elle devait accepter d'être assistée matin, midi et soir. C'était d'autant plus difficile qu'elle a dû se résigner à faire amputer sa deuxième jambe. À partir de ce moment-là, Mamie Denise, s'est laissé aller, jusqu'à son décès le 11 février 2007, paix à son âme. Malheureusement je n'ai pas pu assister à son enterrement, car j'étais déjà en Métropole, à Lyon, mais j'ai gardé de notre Mamie chérie, une vraie mamie-poule pour ses petits enfants, l'image d'une femme grande, avec du caractère, une battante toujours souriante et qui aimait les blagues. Une travailleuse, surtout, et, avec sept enfants, quatre filles et trois garçons, elle n'avait pas le choix. Je peux comprendre l'éducation stricte qu'elle a donnée à ma maman ainsi qu'à ses frères et sœurs sur une île pas très développée, où il fallait travailler dur pour nourrir ses enfants et, à l'époque, il y en avait souvent beaucoup. Cinq ou six, c'était le minimum. En y réfléchissant, je n'en veux pas à ma grand-mère car je suis fière de ma mère, aujourd'hui respectée partout où elle se rend. Elle-même n'a jamais manqué de respect à qui que ce soit, ayant toujours travaillé même si rien ne fut simple. Quand elle est tombée enceinte de Marie-Emeline, ma troisième sœur, son compagnon de l'époque voulait qu'elle avorte, car il pensait ne pas pouvoir assumer financièrement cet enfant. Maman a refusé catégoriquement. « Si ni manjé ba yón, ni manjé ba dé » (S'il y a à manger pour un, il y a à manger pour deux), a-t-elle argumenté. Elle a gardé son bébé. Quelques années plus tard, Maman a connu mon papa qui était un peu plus à l'aise financièrement, elle a pu un peu respirer. À sa mort, elle s'est retrouvée seule avec nous, de nouveau dans une situation difficile qu'un désaccord avec deux de nos sœurs du côté paternel n'a pas arrangé puisqu'elles n'ont pas voulu signer le document qui officialisait le don de la voiture à ma mère. Nous avons dû nous séparer du véhicule, pourtant essentiel au quotidien de ma maman, pour faire les courses, mais aussi emmener ma sœur Laurie, asthmatique, chez le médecin.

Pour réduire les dépenses de transport scolaire jusqu'au lycée de Schoelcher, parfois, mes deux grandes sœurs, qui étaient dans la même classe, alternaient l'école, l'une allant en cours, l'autre restant à la maison. Un jour une assistante du service social convoque ma mère afin de la prévenir des absences récurrentes de mes sœurs (elles n'allaient en cours que deux semaines par mois car les frais de scolarités étaient trop onéreux). Ma mère lui explique qu'elle est au courant mais qu'elle ne peut pas faire autrement. Après ce rendez-vous, elle a perçu des aides sociales pour mes sœurs afin de leur permettre de suivre sereinement leur scolarité. Elles allaient en internat la semaine et ne rentraient que le week-end.

Vivre tout cela jeune m'a renforcée. Cela m'a permis de comprendre que la vie n'est pas facile. Si tu veux manger mais aussi te faire plaisir, il faut travailler. Ce sont de bonnes leçons.

Je n'ai pas eu le temps de connaître Mamie Denise, au top de sa forme. Mais je vois toutes les valeurs qu'elle a inculquées à ses enfants : le respect, la détermination, le travail, l'entraide, l'union (elle estimait que le linge sale se lave en famille) et ne jamais rien attendre des autres. Et comme on dit chez nous : « Pa kité pèsón mache anle piew » (Tu ne laisses personne te marcher sur les pieds). Qui veut son respect, se le procure. Avec ma mamie, une belle personne avec du caractère, ça filait, c'était carré.

Mamie Denise habitait près de la plage des Abymes. Nous y passions nos après-midis, nos week-ends, nos vacances et c'est là, à neuf ans, que j'ai vécu le début de l'ouragan Lenny. À l'époque, la plage était très différente, il y avait plein de petites cabanes de pêcheurs. La tempête, très violente, les a toutes emportées et cet épisode m'a marquée plus que la tempête Cindy que j'ai vécue, à 3 ans, le 14 août 1993 avec mon papa à la maison. Pour Lenny, les souvenirs sont encore bien vivaces. Ce mercredi 17 novembre 1999, il n'y a pas école pour les primaires. Je suis chez ma mère tranquillement. J'ai terminé de nettoyer l'extérieur de la maison. Subitement, le ciel devient tout gris puis carrément noir. Je jette un œil à la Montagne Pelée. Habituellement, si son sommet est souvent recouvert par des nuages blancs, elle est verdoyante, majestueuse, vallonnée, presque protectrice. Elle nous surplombe comme si elle veillait sur les communes du Nord-Caraïbes. Mais ce jour-là, là-haut, tout est noir. Il pleut déjà au sommet du volcan. Le téléphone sonne, ma tatie Angèle appelle ma mère pour lui dire que Mamie Denise et Tante Nonor sont déjà envahies par l'eau. Ma mère s'en va rapidement afin de constater l'ampleur des dégâts. Une fois sur place, elle m'appelle et me demande de venir les aider. Je prends mon vélo et je pars directement rejoindre ma mère pour essayer de sauver le maximum d'affaires et mettre Mamie Denise en sécurité chez l'une de ses filles qui habite plus haut, hors de portée de la mer. Tatie Angèle vit aussi en bord de mer, elle a eu le temps de mettre quelques biens à l'abri quand elle se rend compte qu'elle a oublié ses bijoux. Elle y retourne mais à peine sortie de la maison et son pied posé sur la route, l'édifice s'effondre dans l'eau emportant tout vers la mer si « riche » de tous nos biens : on y trouve des voitures, des maisons, des télés, des réfrigérateurs... Face à des vagues de trois mètres, de six mètres, impressionnantes, j'entends des cris : « Sòti la, sors, sors. Ça va partir avec la maison. Sòti la. » J'ai la sensation d'être dans un film, l'expérience d'un cyclone demeure assez terrifiante. La nature reprend toujours ses droits. Tu as beau lutter avec elle, si ça doit arriver, ça arrivera. Tu es là aujourd'hui et, demain, tout peut s'arrêter, une sensation que j'ai vécue un peu plus loin, chez Tante Nonor, la belle-sœur de ma grand-mère. Dans sa maison, au plus près de la mer, l'eau monte jusqu'au niveau des cuisses et près d'un petit escalier qui mène à la chambre de Tante Lisette, la grande-sœur de Tante Nonor, une vague entre et manque de m'emporter. Ma Tatie Laure réussit à m'attraper au dernier moment. Après cela, tu relativises, tu te dis que ce n'est que du matériel, qu'une maison ne vaut pas une vie, même si c'est difficile à accepter.

Dans les rues, c'est le chaos, et dans le bus qui la ramène du collège, à Saint-Pierre, ma sœur Laurie fait une crise d'asthme. Maman, elle, court à droite, à gauche, partout. Sur mon petit vélo, je me déplace dans la commune, battue, comme les voitures, par le vent, envahie par la mer et les vagues qui submergent les rues. J'hallucine ! La petite paillotte, appelée Ti Mano, où des petites soirées, des petits zouks, sont organisés, ne résiste pas au passage de cet ouragan. La mer, le vent et la pluie ravagent tout dans un vacarme assourdissant. Et, tout à coup, c'est fini, le silence, impressionnant, revient. Le passage d'un cyclone touche le moral des gens qui voient disparaître, du jour au lendemain, tout ce qu'ils ont construit, tout qu'ils ont investi dans des meubles, dans une maison. Et ils doivent repartir de zéro. Ma mamie a eu de la chance car sa maison a tenu au contraire de celle des voisins, détruite. L'atmosphère dans la ville était très, très triste après le passage de Lenny. Il y avait des bouts de bois partout dans les rues, des poteaux d'électricité cassés, couchés sur des maisons. Le sable avait aussi envahi les rues de la commune. On a pris du temps à se remettre de ça. Les habitants du Prêcheur ont été très solidaires, ils se sont beaucoup entre-aidés. Nous sommes un peuple qui se remet de toutes les catastrophes.

Cela tient certainement à l'histoire de cette commune. Ceux qui connaissent celle de la Martinique savent que Saint-Pierre a été entièrement rasée par deux nuées ardentes venues de la Montagne Pelée les 8 et 20 mai 1902. Mais le Prêcheur a aussi connu un drame. Le 7 mai, quatre cents Préchotins ont perdu la vie à cause d'un lahar meurtrier, une impressionnante et dangereuse coulée de boue d'origine volcanique. Le 8 mai, quand le gouverneur de la Martinique a fait son rapport à ses supérieurs, il a assuré que rien ne s'était passé alors que plus de deux mille personnes avaient été tuées par cette fameuse nuée ardente de la Montagne Pelée. Les rescapés (2 000 environ sur une population de 4 000) avaient été injustement oubliés aussi car on pensait qu'il n'y avait pas eu de survivants. Entre 1929 et 1932, la commune a aussi connu une période appelée « Ti Volcan » marquée par d'autres éruptions de la Montagne Pelée. Beaucoup d'habitants ont quitté la commune à ce moment-là avant de finir par revenir. Le Préchotin est un tenace. Résilient. En cela, je suis une vrai Préchotine.

Au Prêcheur, la mer, le volcan et la rivière sont liés, les glissements de terrain et les lahars en découlent et transforment le paysage. Récemment, je suis allée en vacances et en y montant, je n'ai pas reconnu la Glacie. Avant, il y avait un bassin, des petits coins sympathiques. Parfois, quand l'eau était coupée, nous nous y rendions pour faire la vaisselle, se laver avec l'eau de la rivière. Et là, c'est fini. Le lahar a « mangé » le chemin. Le pire c'est qu'il s'approche de plus en plus de la route de chez ma mère et, comme pour pouvoir construire la cité Coquette, les constructeurs ont dévié la rivière, j'ai l'impression que cette dernière veut reprendre sa place. De grosses pierres se décrochent, les habitants les entendent tomber dans un bruit aussi lourd que des trains transportant des marchandises. Ça vibre, les maisons tremblent. Quand la sirène retentit, les gens ont dix, quinze minutes pour partir de chez eux.

Très croyante, je suis convaincue que le bon Dieu met des obstacles sur notre passage mais qu'il ne faut pas flancher. Il faut être costaud, garder la foi, se dire qu'il y aura des jours meilleurs. Toutes les épreuves que j'ai traversées m'ont permis de me construire.

MA PREMIÈRE LICENCE

J'ai commencé à taper dans un ballon avec mes amis de la cité Coquette sur le petit parking à côté de chez ma mère. Un vieux monsieur, qui vivait à côté, garait tout le temps son véhicule à cet endroit désert dans la journée étant donné que les gens travaillaient. Quand il nous arrivait de casser l'un des phares de sa voiture, il hurlait en créole : « Les enfants, je vous ai déjà dit qu'il ne fallait pas jouer au foot sur le parking. » On arrêtait cinq minutes et ensuite on reprenait. J'ai débuté en club, assez petite, vers les sept ans, en 1997. En poussines et benjamines Patrick, mon cousin, était mon entraîneur en compagnie de Pierre Polomat et Jean-Noël Ravi. Nous avions entraînement le mercredi et le vendredi puis match le samedi. Quand il n'y avait pas entraînement, j'allais quand même sur le terrain voir la séance de l'équipe première et jouer, aussi, à côté. J'étais vraiment assidue malgré les conditions. Les soirs où il y avait une coupure d'électricité, nous nous éclairions avec la lumière du vestiaire, ce qui ne nous perturbait pas, nous connaissions déjà le terrain. À l'extérieur, on évoluait sur des « pelouses » d'une qualité assez douteuse, avec l'herbe qui arrive aux genoux ou alors les cailloux qui nous faisaient des pizzas sur les cuisses quand on osait un tacle.

Mais nous étions, comme on dit, « des chyèn boùl », des accros au ballon. Ainsi, après les entraînements, nous faisions toujours du rab. Nous avions vraiment un bon groupe. Et surtout, nous étions toujours au moins quinze à dix-sept présents aux séances car, souvent, les coaches rassemblaient deux sections pour faire un seul grand entraînement.

Mes souvenirs de l'Essor, ce sont aussi les matches des seniors. Le samedi, j'allais préparer les sandwiches des joueurs de l'équipe première avec Joby Gobert, un dirigeant de l'Essor. On préparait des sandwiches jambon-fromage-beurre. Nous les remettions aux joueurs avec un petit jus de fruit à côté. Nous faisions bien les choses. Lorsque j'étais poussine, je n'avais pas vraiment de match le week-end, plutôt des tournois. J'avais donc un peu de temps libre et dès qu'il y avait un événement sur le stade du Prêcheur, on était sûr de pouvoir m'y trouver.

Nous disputions régulièrement des petits tournois à Case-Pilote ou au Morne-Vert. La veille de la compétition, avec les gars, nous allions voir le patron de la compagnie de bus, Monsieur José Nallamoutou. « José, qui sera notre chauffeur ? » Il nous donnait son nom, puis nous nous rendions chez le chauffeur et nous le prévenions : « Dèmen, pa oublyé nou ! Nou ka pati a tan » (Demain, ne nous oublie pas. Nous partons à telle heure). Une fois que nous avions fait cela, je rentrais chez moi et préparais mon sac : crampons, protège-tibias, serviette. Les dirigeants nous fournissaient les shorts et les maillots, je prenais vraiment ce dont j'avais besoin. Je rangeais minutieusement mon sac avec lequel je dormais, près de mon lit. Je ne voulais pas le laisser. Ces veilles de tournoi ressemblaient un peu aux rendez-vous que vous redoutez de louper, vous vous réveillez régulièrement pendant la nuit, persuadé d'avoir dormi cinq heures alors que vous n'avez dormi qu'une heure. C'était des moments forts et l'un d'eux m'a marquée.

Quand j'avais à peu près dix ans, alors que nous partions habituellement en minibus très tôt du Prêcheur, vers 7 heures du matin, le chauffeur du minibus nous a oubliés. Dans ces cas-là, nous étions obligés de demander à nos parents de faire du covoiturage et de nous emmener à Case-Pilote. Dans ce tournoi, lors du deuxième match, nous avons eu un souci avec l'attaquant adverse. À chaque fois qu'il y a un ballon aérien, au lieu de le jouer de la tête, ce joueur du Club Péléen (Morne-Rouge) mettait le pied. Nous lui disons une première fois de faire attention afin qu'il ne blesse pas notre gardien. On lui dit : « Boul la en lé, ay jwe boul a épi tèt ou » (Va jouer le ballon de la tête). Il ne veut rien entendre. Une deuxième fois, il revient et blesse notre gardien. J'en ai marre. Je lui dis : « Prochain fois ou fè ça, ou kay wouè » (La prochaine fois que tu fais cela, tu vas voir). Il n'entend pas mon avertissement et recommence. Alors, quand il est lancé en profondeur, je le tacle et son pied reste bloqué dans le sol, direction l'hôpital ! Ce jour-là, ma mère est en tribunes. Je l'avais suppliée pour qu'elle m'emmène. Très croyante, elle m'avait dit : « J'ai la messe ! » Ma mère c'est « en rat léglise », comme on dit. Elle peut enchaîner les messes tous les jours, elle s'y rend le samedi à Saint-Pierre et le dimanche au Prêcheur. Quand je lui ai dit qu'on n'avait pas de minibus et qu'elle devait nous emmener, elle était agacée de rater la messe. Évidemment, après m'avoir vue blesser le petit garçon, elle ne m'a pas loupée : « Ah non Wendie, sa paka fét » (Ça ne se fait pas). « Maman, ça fait au moins trois fois qu'on lui dit de jouer le ballon de la tête, il ne comprend pas. » Mon explication ne la calme pas, au contraire, elle m'en remet une couche. « C'est la dernière fois que je t'emmène ! Moun pa ka fè, moun ça » (On ne fait pas ça aux gens).

J'évoluais dans une équipe de garçons et mon entourage, mes amis ont souvent été des hommes. Quand tu commences le foot et que tu veux qu'ils t'acceptent, c'est simple, selon moi, il faut être performante. Si tu es bonne, ils te font jouer. Si tu n'es pas bonne, tu restes sur le côté mais je n'ai pas eu ce problème là avec eux, jamais fait face à des moqueries, car j'ai toujours joué, sauf quand les gars étaient beaucoup plus grands que moi. À partir du moment où ils ont vu que j'avais des qualités, ça passait tout seul. Au début, j'ai dû faire preuve de caractère, m'imposer. Lors des « swé », parfois, ils ne voulaient pas me donner le ballon, parce que j'étais plus petite qu'eux. Après, petit à petit, la confiance s'est installée, ils se sont rendu compte que je savais jouer au foot. Et ils m'ont fait des passes. Ce sont mes plus belles années, celles où j'ai appris à me faire respecter. J'ai su me construire un caractère solide qui ne m'a jamais quittée.

À l'époque, dans mes souvenirs, il n'y avait pas beaucoup d'équipes de garçons avec une fille mais la nôtre n'a pas souffert de cette étiquette. Au contraire, en moins de treize puis en moins de quinze ans, des adversaires venaient me féliciter à la fin des matches après avoir dit avant le coup d'envoi : « Une fille qui joue derrière, c'est bon, ça va être facile. » Quand j'entendais ça, je me disais : « Nou ké wè sa. Pani pwoblem. » Ça me forçait à être un peu plus dure. Dans ma tête, je pensais : « Je ne veux pas que ce type me passe, qu'il marque. » Je me fixais déjà des défis. J'étais dure avec eux, je mettais de ces tacles en mode « Mwen defa. » C'était soit l'homme, soit le ballon qui passait mais pas les deux. Les parents venaient aussi me féliciter. J'en rigolais à la fin du match car certaines rencontres étaient chaudes, mais j'aimais ça. À Bellefontaine, une fois, je tacle et j'emporte tout, le ballon et le joueur qui commence à râler, à dire qu'il y a faute. Il crie après l'arbitre. Je lui réponds : « Il y a deux minutes, tu disais que tu allais me passer. Maintenant tu pleures pour avoir une faute. » Encore plus énervé, il veut me percuter à chaque fois qu'il a le ballon. Je dis ok, viens, et je me montre encore plus dure. Cet épisode montre à quel point j'avais déjà un caractère affirmé. Mon équipe, aussi, a toujours été derrière moi et dès qu'un joueur voulait m'affronter ou se battre – même si c'était rare – mes gars disaient : « Nou ka misclé jé a » (On muscle le jeu). De mon côté, quand je prenais un coup, je ne pleurais jamais, j'acceptais, ça faisait partie du jeu. Mais si tu me donnes des coups, il faut que tu sois prêt à en encaisser aussi. Je disais au gars, en face, tu me donnes des coups, il n'y a pas de souci. Mais quand je t'en donnerai tout à l'heure, « Pa vini plérè » (Ne viens pas pleurer).

Au Prêcheur, je n'étais pas la seule fille de l'équipe. Nous étions trois : Bénédicte Nuissier, Laïssa Octavia et moi-même. Avec Laïssa, on a joué longtemps ensemble en moins de 13 ans. J'étais libero et elle stoppeur. « Moun prend bon boi épi nou. » C'était une bonne joueuse, dure aussi, elle avait des qualités pour aller plus haut mais elle jouait pour s'amuser. Elle a arrêté le foot et fait sa petite vie. Nous sommes un peu restées en contact et il m'arrive de la voir quand je rentre en Martinique.

Lors de la dernière saison avec l'Essor, à quatorze ans – Christine, l'un des entraîneurs qu'on appelle « Frigidè » (Frigidaire, je ne sais pas d'où ça lui vient), vient me voir et me demande si ça m'intéresse de jouer avec les filles du Lorrain. Toujours autant « chyèn boùl », s'il y a match à droite, à gauche, j'accepte, bien évidemment. Un samedi après-midi, Christine m'emmène disputer une rencontre entre le Rapid Club du Lorrain et Le François. Je n'ai pas de licence mais ce n'est pas un souci pour les entraîneurs du Lorrain qui me font jouer sous celle d'une autre fille ! Je me retrouve attaquante avec Kelly Brena et j'inscris deux buts. J'ai été marquée par ce match car c'est la première fois que je rencontrais celles qui deviendront deux de mes meilleures amies, Micheline Glocus et Viviane Etienne. Même si cette dernière n'avait même pas retenu mon prénom au début. Sur le terrain, pendant toute la première période, elle m'appelle : « Bagay long la » (le grand machin). À la mi-temps, voyant que j'ai marqué deux buts et que je me débrouille plutôt bien, Viviane vient me voir et me dit : « Rappelle-moi ton prénom ? Continue comme ça. On va discuter après. » Dès lors, à chaque fois qu'il y avait des matches à enjeu avec elles, Christine m'emmenait jouer avec l'équipe du Lorrain. Et pour la licence ? Je ne sais plus si entre-temps le club m'en a fait faire une valable. J'imagine que oui. Lors de cette première saison, nous avons remporté le doublé Championnat-Coupe de la Martinique. La saison suivante, que je fais en entier avec elles, nous avons réalisé un nouveau doublé. Je jouais plutôt le samedi après-midi avec les filles et le dimanche avec les garçons. Parfois, je faisais les deux. Un jour, ma mère m'a regardée et m'a dit : « Mais ma fille, tu vas mourir, ce n'est pas possible. Tu vas faire une crise cardiaque sur le terrain. » Mais en réalité, je me sentais vraiment très bien.

J'étais tellement déterminée à jouer au football que je faisais du stop pour me rendre au Lorrain. Je partais du Prêcheur. Je me mettais près de la Poste ou près de la mairie et je guettais les voitures. S'il n'y en avait pas, je commençais à marcher un peu mais je trouvais toujours quelqu'un pour me déposer à la Pointe Lamar, à l'entrée du Prêcheur. Ensuite, je savais que si les gens dépassaient le petit pont, c'est qu'ils allaient à Saint-Pierre. À Saint-Pierre, je prenais un nouveau stop jusqu'au Morne-Rouge. Puis, au dernier rond-point de la Montagne Pelée, quand les gens prenaient sous les bois, cela signifiait qu'ils allaient au minimum à l'Ajoupa-Bouillon. Soit les gens m'y déposaient, soit ils allaient plus loin et m'emmenaient jusqu'au Lorrain. Enfin, Micheline venait me chercher en bas de chez elle. Une fois, j'ai dû appeler Viviane, qui habite à l'Ajoupa-Bouillon. Elle est venue me chercher et m'a déposée chez Micheline mais, la plupart du temps, j'attendais rarement plus de dix minutes, le stop était souvent rapide. Est-ce que c'était dangereux ? Je ne me posais pas cette question. Aujourd'hui, je ne le ferais probablement pas. Mais à l'époque, j'étais déterminée, mon objectif était d'aller à l'entraînement et je ne voulais pas être en retard. Quand nous avions match le samedi, je partais le vendredi en début d'après-midi et je restais chez Micheline jusqu'au lendemain. Après la rencontre, je repartais généralement avec Christine qui habitait à Saint-Pierre. Il me déposait au Prêcheur avant de rentrer chez lui. Faire du stop ne m'a jamais découragée. Je connaissais la route par cœur car nous l'empruntions souvent avec mon papa, les week-ends pour nous rendre à la maison familiale du Lorrain. Une fois, ma mère me dit : « Wendie, avec qui tu pars ? » Je lui réponds : « Maman, je vais faire du stop. » « Stop ? Pa fé yo chayew ba mwen » (Ne te fais pas enlever). Elle me mettait en garde, mais elle ne pouvait pas me retenir. Ma mère était protectrice. Mais, après la mort de mon papa, comme elle savait que j'avais une relation forte avec lui, elle a cru que j'allais dégringoler. Elle ne voulait pas trop me dire non. Elle savait que c'était ce que je voulais. J'étais sportive, je ne tenais pas en place. J'avais de l'énergie à revendre. Quand j'étais malade, elle savait que je ne simulais pas. Et pour cause, on ne m'entendait pas. C'est là qu'elle avait un peu de paix dans la maison. Elle me disait : « Yo ka we ou malad ich mwen, kay la kalm » (On voit que tu es malade mon enfant, la maison est calme).

TÉMOIGNAGE

PATRICK CAVELAN

le cousin de Wendie, son premier entraîneur

Wendie est née avec un ballon dans les pieds, elle a toujours aimé le foot. J'ai des souvenirs d'elle jouant dans la cité Coquette, avec ses amis, dès quatre, cinq ans. Après, elle a officialisé tout cela par sa première licence à l'Essor Préchotin. On a tout de suite vu qu'elle avait quelque chose de plus que les autres. Ce côté compétitif, elle l'a depuis son plus jeune âge. À l'Essor Préchotin, elle a joué en mixité car nous n'avions pas de section féminine. Si aujourd'hui, nous avons une dizaine de jeunes licenciées, quand Wendie était là, elles n'étaient que deux ou trois dans l'équipe. Nous réfléchissons d'ailleurs à ouvrir une section féminine dont Wendie serait la marraine.

Wendie est née dans une famille de sportives. Sa maman, ses tantes, qui sont aussi les miennes, ont toutes joué au hand. À l'époque, j'étais animateur à l'école municipale des sports. Nous touchions à tous les sports : triathlon, golf, rugby… Wendie était douée dans tous les sports. Elle avait un attrait particulier pour le hand car sa maman et nos tantes jouaient, elle voulait un peu faire comme elles. Mais à un certain moment, je trouvais qu'elle en faisait trop et je lui ai demandé de choisir entre le foot et le hand. Elle n'était pas contente mais aujourd'hui, elle doit se dire heureusement, vu la carrière qu'elle a. Je crois néanmoins que si elle avait choisi le hand, elle aurait eu quand même une carrière de sportive de haut niveau. Elle est née avec ça dans le sang.
Wendie était très importante pour l'équipe. Elle était frêle, longiligne mais elle ne lâchait rien. Tant qu'il n'y avait pas quelque chose au bout, elle n'arrêtait pas. Quand on était en difficulté, on la mettait devant, elle marquait. Quand on voulait tenir le match, on la mettait derrière, et on gagnait. En U13 on a fait un tournoi avec elle, on a gagné le tournoi, elle a fini meilleure buteuse. Dans l'agressivité, défensivement, elle avait déjà un coffre, elle pouvait courir longtemps. Sans doute grâce au triathlon où elle excellait. Elle a une condition physique hors du commun.
Sa plus grande qualité, c'est qu'elle aime les autres. Malgré la notoriété, les rapports entre Wendie et ses proches ne changent pas. Ce qui fait sa force, c'est qu'elle sait d'où elle vient. Quand elle arrive en Martinique, elle est pieds nus, comme elle faisait

auparavant. Quand j'ai l'occasion de l'avoir au téléphone, je continue de lui donner des conseils, à mon niveau, même si aujourd'hui, elle m'en donne plus que moi je ne lui en donne. Elle offre au club des maillots, des ballons, du matériel pour que les enfants puissent travailler.

À chaque fois qu'elle gagne quelque chose, je me dis que j'ai gagné aussi. Je suis fier d'elle. Quand elle gagne une Ligue des champions, que je lui envoie un message, et que dans la minute, elle me répond, je trouve ça formidable. Pour moi, ça veut dire qu'elle n'oublie pas d'où elle vient.

LE PÔLE DU FRANÇOIS

J'ai intégré le Pôle du François en 2005. C'est la conseillère technique régionale (CTR) du football féminin en Martinique Charlène Marie-Jeanne qui a soumis mon nom à Jocelyn Germé, le CTR de l'île. À l'époque, le Pôle, qui est comme un centre de formation, était entièrement masculin et jamais aucune fille n'y était entrée. La semaine, je m'entraînais avec les garçons et le week-end, je jouais avec mon équipe du Lorrain. Les filles le savaient et l'ont très bien accepté. Durant les vacances scolaires, je remontais chez moi et j'allais m'entraîner avec mes coéquipières du Lorrain. Avant mon entrée au Pôle, il y a eu une réunion avec les parents et les joueurs. Jojo Germé prend la parole devant le directeur du lycée. « Pour la première fois, on va accueillir une fille.

Habituellement, cela ne se fait pas. On va voir comme ça va se passer. » Ils m'ont souhaité la bienvenue ainsi qu'à une Métropolitaine. Elle n'a pas tenu trois mois, ce n'était pas trop son truc. Je n'ai plus eu de nouvelles d'elle jusqu'à récemment. Je l'ai revue lors d'un match de Coupe de France comptant pour les premiers tours. Elle est venue me voir. « Tu te souviens de moi ? On était au Pôle ensemble, mais je ne suis pas restée. » « C'est toi ? Tu as changé ? Désolée, je ne me rappelle plus trop de ta tête. Mais ça me fait plaisir de te revoir. » On a un peu discuté puis chacune est retournée à sa vie. Son départ du Pôle ne m'a pas perturbée car j'étais focalisée sur mon objectif, entourée de « papas », des joueurs qui étaient déjà en seniors pour la plupart. Ils étaient physiquement assez costauds alors que moi, j'étais encore frêle mais je me suis dit que ça allait être une bonne année pour moi. Qu'il fallait que je sois costaude, que je devais travailler, c'est tout ce que je voulais. Les gars avaient beaucoup de respect pour moi. Je suis restée en contact avec six d'entre eux. Kevin Parsemain, Jérémy Mongis, Axel Saint-Aimé, Yann Thimon, Emmanuel Vermignon, Grégory Pastel. Parsemain est devenu pro au Mans, après il est reparti. Pastel est venu en Métropole, il n'est pas resté non plus. Il me semble que Yann Timon aussi, je ne suis pas sûre. Je pense que les gars n'avaient pas envie de quitter le pays.

Selon moi, ils étaient au moins une dizaine à pouvoir prétendre jouer ici. Après, il faut le vouloir, se donner les moyens, se dire qu'on part dans ce but-là. J'en conviens, il n'est pas facile de partir, surtout quand vous n'avez personne pour vous accueillir. Moi, j'aurai la chance quelques années plus tard d'être idéalement accueillie à Lyon par Fred Labiche et Joan Hartock qui est aussi passé par le Pôle deux ans avant moi.

Nous vivions au Pôle du lundi au vendredi, en sport-études. En fin de semaine, une fois l'école et l'entraînement terminés, nous rentrions dans nos familles. Le lundi matin, rebelote. Avec ma mère, nous partions généralement du Prêcheur à trois heures du matin avant qu'elle ne prenne son travail d'ATSEM (Agent territorial au service des écoles maternelles) dans une école du Prêcheur, entre 6h30 et 7 heures. Elle devait arriver plus tôt pour nettoyer le préau que des gens, le week-end, avaient squatté, sali. Nous avions quasiment une heure et demie de route du Prêcheur au François et quand nous arrivions vers 4h30, elle me déposait devant le portail du lycée pour reprendre immédiatement la route. Quand elle me laissait là, je voyais qu'elle avait pitié, elle me disait : « Désolé, manman oblijé ri-pati » (Maman est obligée de repartir). Je n'ai jamais pensé que ma mère m'abandonnait. Au contraire, elle me laissait vivre ma passion. En revanche, je ne ne me rendais pas compte de sa souffrance. Ma mère ne disait rien mais peut-être était-elle peinée de me laisser, dans la nuit, avec mon gros sac d'affaires (pour le foot et le lycée) pour la semaine, de 4h30 à 7 heures. Mon sac par terre, je dormais appuyée dessus, près de la porte où se trouvaient les caméras du lycée. Même si je n'ai jamais eu peur, je restais toujours près de la porte d'entrée, dans la lumière. J'avais quinze ans, je n'allais pas prendre de risques inconsidérés. Parfois, ma mère m'appelait pendant qu'elle était sur la route pour s'assurer que j'allais bien mais c'est surtout moi qui étais inquiète de la savoir seule au volant. Quand Tante Nonor faisait la route avec elle, cela lui faisait de la compagnie, cela me rassurait. Les premières personnes arrivaient vers 7 heures pour ouvrir le lycée, commencer à ranger, à nettoyer. Une fois que c'était ouvert, je filais poser mon sac à l'internat avant d'aller en cours.

Le travail footballistique effectué au Pôle a été très important pour moi. J'y ai trouvé ce que je cherchais. Toutefois, arrivée en Métropole, je me suis rendu compte qu'il y avait encore des progrès à faire en Martinique. Au Pôle, nous avions un cadre semblable aux professionnels. Tout était géré, nous bénéficiions d'un suivi scolaire et sportif également. Un bus nous emmenait à notre lieu d'entraînement puis nous ramenait à l'internat. Les entraînements étaient pros. J'aimais bien les séances, l'ambiance qui y régnait, nous avions de bons délires, jamais de propos déplacés envers moi. Et si cela arrivait, les gars, entre eux, se reprenaient.

J'ai connu quand même des moments difficiles. La vie à l'internat n'était pas facile tous les jours. Nous étions trois en chambre et nous n'avions pas la même manière de fonctionner même si nous nous croisions uniquement le soir. Heureusement, la journée, je n'avais pas le temps de gamberger, puisque j'avais les cours. Mais le soir, quand je ne mangeais pas les bons plats de Maman, je me disais que l'internat n'était fait pas pour moi, pourtant je n'étais pas difficile au niveau des repas. Ma mère nous a toujours élevées mes sœurs et moi en nous disant : « Nou ka manjé sa nou jwenn » (On mange ce que l'on a). » D'un autre côté, cela m'a permis de grandir, de franchir des paliers, de quitter le cocon familial. Le déchirement de partir de ma famille s'est ajouté à la perte de mon papa, je ne voyais ma maman que le week-end. Mais au final – et c'est paradoxal – j'ai adoré cette année, même loin de la maison. Ce sont des années où je me suis construite en tant qu'adolescente et jeune fille, où j'ai dû me prendre en main.

Au club de foot du Lorrain, l'ambiance était complètement différente. On avait un bon petit groupe avec Christelle et Francine, toutes deux malheureusement décédées. Il y avait surtout Micheline, Christine, Kelly, Viviane, ou encore Myriam. Depuis que je suis très jeune, on me dit souvent que je suis mûre pour mon âge probablement parce que j'ai toujours côtoyé des personnes plus âgées que moi. Les « swé », se disputaient également toujours avec des gars plus vieux. À l'internat ou dans la salle d'études, ils étaient aussi plus âgés. Et, en arrivant au Lorrain, je côtoyais des « mamans ». J'ai appris plus vite, je me suis mise à leur hauteur. Elles savaient me remettre dans le droit chemin tout en rigolant avec moi. C'était assez cadré, chacune avait sa personnalité mais nous nous entendions à merveille. Et c'est encore le cas aujourd'hui. Micheline a fait des choses que peu de personnes auraient faites pour moi. Elle venait me chercher en voiture par exemple, me préparait à manger ses fameux et délicieux veloutés. Un jour que Christine n'était pas là et qu'on avait joué au Lorrain, Micheline m'avait ramenée jusque chez moi, au Prêcheur, après le match. J'aime beaucoup Micheline, elle a une grande gueule, un bon fond et elle est très sensible, un point commun que nous partageons. Je ne peux pas oublier tout ce qu'elle a fait pour moi. Micheline, c'était la maman, la capitaine à qui on pouvait se confier quand on avait un problème. Elle était toujours là pour nous, le cœur sur la main. Je sais que ça lui fait plaisir de voir où je suis arrivée et elle y a contribué. Je ne l'oublie pas.

Sur le terrain, avec le Rapid Club du Lorrain, nous voulions écraser tout le monde. Nous savions que nous avions l'équipe pour et que nous étions redoutées. Parfois, même avec neuf filles sur le terrain, aucune remplaçante, nous remportions quand même nos matches grâce à notre magnifique état d'esprit entretenu à chaque entraînement. Nous galérions ensemble car tout n'était pas facile. Pourtant, nous répondions présentes par tous les temps, qu'il fasse chaud ou qu'il pleuve. Tous les week-ends nous étions conscientes que tout le monde voulait nous battre, cela nous faisait beaucoup rire et nous motivait tout autant.

Voici un bel exemple de cet état d'esprit. Un jour, lors de ma deuxième saison, nous jouons le club de Rivière-Pilote au Vert-Pré pour le titre de Championnes de Martinique. Le terrain est mal placé, il faut descendre dans une sorte de ravin. Une fois sur place, on constate que le terrain n'est pas de très bonne qualité, le temps non plus n'est pas au rendez-vous. Quoi qu'il arrive, il faut jouer le match car il y a un titre à gagner. Le coup d'envoi est donné, et nous ne sommes pas très bien dans la rencontre. À un moment donné, nous sommes menées 1-0. Il ne reste pas beaucoup de temps, peut-être vingt minutes.

On obtient un coup franc à quarante mètres du but adverse. Je dis à Myriam : « Vas-y, tire, tu as l'habitude de le faire et tu tires bien les coups franc. » Elle me répond : « Non, je ne le sens pas. » J'insiste : « Mymy, tire ! » Elle frappe, elle marque. Derrière ce coup franc, on finit par gagner ce match deux ou trois buts à un. D'autres grands matches m'ont marquée contre Saint-Joseph, Le François, l'Assaut de Saint-Pierre. Parfois, une centaine de personnes assistait à nos rencontres car il nous arrivait de jouer en lever de rideau comme lorsque nous avions joué à Dillon contre Saint-Joseph. Souvent lors des grosses oppositions, je jouais derrière. Dans les matches à notre portée, je jouais plutôt devant. J'ai marqué beaucoup de buts à cette époque, mais je ne les comptais pas. Avec notre petite mobylette en attaque, Kelly Brena, nous formions un beau duo. Elle était très adroite devant le but. Christine n'était pas mal non plus au milieu, une sorte de Shirley Cruz, mon ancienne coéquipière à l'OL, milieu de terrain costaricienne. Elle ratissait les ballons, se battait, une vraie petite sangsue. Christine était moins forte que Shishi techniquement, bien évidemment, mais c'était une excellente joueuse. Nous avions une bonne colonne vertébrale avec Viviane dans les buts. Aujourd'hui, j'en rigole encore quand je repense à certaines actions… et aussi au bazar que nous mettions dans le vestiaire, dans le minibus après nos victoires. Rien que pour les filles, j'aurais aimé rester un peu plus longtemps dans ce qui ressemblait, parfois, à une colonie de vacances. Cela reste de formidables souvenirs.

TÉMOIGNAGE

JOCELYN GERMÉ

Conseiller technique de Martinique lorsque Wendie jouait au Pôle du François

Je suis conseiller technique. Dans le cadre de mes fonctions, je fais de la détection et de la sélection. La détection, c'est percevoir les qualités du jeune. Il faut pratiquement être visionnaire. Repérer le talent même s'il n'est pas opérationnel à 13 ans. Deviner que le jeune va pouvoir percer.

Je ne connaissais pas Wendie quand ma collègue, Charlène Marie-Jeanne, conseillère technique du football féminin de la Martinique, est venue me parler d'elle. Elle m'a dit : « Tu sais, il y a une fille qui joue bien au football, qui est passionnée, il faut que tu la voies. » C'est ce que j'ai fait. Quand Wendie est

entrée au Pôle, en 2005, nous n'avions jamais eu de fille. Nous avions 30 places pour 50-60 candidats. J'ai pris sur moi pour contourner la règle et ouvrir deux places pour deux jeunes filles à l'époque. Le président de la Ligue de l'époque m'avait donné carte blanche. L'autre jeune fille a abandonné rapidement car elle ne se sentait pas bien, entourée de tous ces garçons. On n'a même pas eu le temps de voir son niveau. Elle est partie mais cela n'a pas perturbé Wendie qui n'était de toute manière pas venue se faire une copine, mais jouer au football avec détermination. C'était l'un de ses atouts, avec la passion. Elle ne payait pas de mine. Elle était toute mince mais très grande. Je me suis demandé comment elle allait s'en sortir mais je sentais aussi qu'elle avait quelque chose. Dans son regard, on sentait qu'elle n'allait pas se laisser faire.
Lorsque j'ai eu l'occasion de la voir jouer, ce qui m'a frappé, c'est qu'elle allait au contact, elle n'avait pas peur. Quelques fois, elle était battue à la course ou en duel, car certains garçons étaient plus athlétiques, mais je ne l'ai jamais vue abandonner. Des garçons manquaient des séances, mais Wendie était toujours à l'entraînement, toujours aux matches. Et quand on lui demandait ce qu'elle voulait faire plus tard, Wendie répondait inlassablement : footballeuse professionnelle.
En novembre 2005, l'équipe de France masculine est venue disputer un match en Martinique, contre le Costa Rica, en hommage aux victimes du crash d'un avion de la West Carribbean qui a fait

152 victimes martiniquaises en août 2005. Le jour de ce match-là, nous étions en première ligne et les ramasseurs de balle, étaient les élèves du Pôle. Wendie était l'une d'entre eux. La photo est affichée dans mon bureau.
J'ai vu la détermination de Wendie quand elle est allée de Paris à Lyon, seule, en train. Elle ne connaissait personne. Elle n'avait jamais pris le TGV seule. Joan Hartock a joué un rôle important dans son parcours : il l'a accueillie. C'était un grand frère pour elle. Il a été protecteur, l'a accompagnée. Cela a permis à Wendie d'avoir ce confort affectif important. Elle s'est retrouvé une autre famille avec Fred Labiche, son conseiller. S'il n'y avait pas eu ce cocon familial, ce cadre, cet environnement favorable, je pense que ça aurait été plus difficile pour elle. Pour devenir ce qu'elle est devenue aujourd'hui, elle a dû traverser des épreuves. On avait dit qu'elle n'avait pas été retenue à Clairefontaine parce qu'elle n'était pas endurante. Je pense que ce n'était pas la vérité. Mais, elle a su s'imposer et devenir l'une des plus grandes sportives martiniquaises. La première fois que Bruno Bini m'a parlé de Wendie il m'a dit : « Cette fille, c'est un monstre. » Son talent avait sauté aux yeux du sélectionneur de l'équipe de France A, alors qu'en équipe de France des moins de 20 ans, on hésitait à la faire jouer.
Wendie a beaucoup de caractère. Un exemple me vient en tête : quand elle jouait et qu'elle avait pris un coup, elle se relevait et regardait la personne dans les yeux. Derrière, celui ou celle qui

avait mis un coup ne revenait pas. Il savait qu'elle allait rendre. Elle a une très grande confiance en elle. Elle est très positive. C'est elle qui va lancer l'assaut, dans les grandes difficultés, elle est toujours présente.

MON ÉTOILE

Mardi 25 août 1998. La fin des grandes vacances approche. Dans une semaine, il faudra retourner à l'école. Je dois faire ma rentrée au CE2. Pour se donner un peu d'air et surtout nous permettre de voir autre chose car nous ne partons pas en vacances, maman nous a envoyées, Laurie et moi, passer quelques jours chez notre sœur aînée, Marie-Line, l'une des filles que Papa a eues avant de rencontrer ma mère. Elle vit au Lamentin, l'autre grande ville de l'île avec Fort-de-France.

Il est encore tôt, ce mardi matin. Nous traînons encore en pyjama, assises sagement devant un dessin animé qui passe à la télévision. Soudain, la sonnerie du téléphone retentit. Je tape le bras de Laurie : « Papa est mort. »

Elle me regarde et me répond : « Arrête de dire des conneries. » Deuxième sonnerie, je répète : « Papa est mort. »

Marie-Line se dirige vers le téléphone, toute souriante. Elle décroche mais le ton de sa voix change subitement. Je l'entends dire : « D'accord, on va se préparer, on arrive. » Elle raccroche et prend la direction de la cuisine, tête baissée. « Laurie et Wendie, je vous attends dans ma chambre. » Je regarde Laurie et lui lâche : « Tu vois, je te l'avais dit. » Nous la rejoignons dans sa chambre et Marie-Line nous annonce la mauvaise nouvelle. « Papa est mort, on va se préparer, on monte au Carbet. » À ce moment-là, Laurie commence à crier et à pleurer. Et moi ? Rien. J'étais prévenue. Je savais que la nouvelle pouvait tomber à n'importe quel moment.

Georges Renard était un homme serviable. Capable de retirer la nourriture de la bouche de ses enfants pour la donner à un étranger dans le besoin. Je me rappelle, un jour, d'une dame sortant de la mairie en pleurant car elle n'avait pas d'argent pour acheter à manger à ses enfants. Touché par sa situation, il est allé chercher sa carte bancaire pour retirer de l'argent afin de lui donner 200 francs. Des actions comme celle-là, il en menait tout le temps car il adorait aider les gens. Georges Renard était mon père, un homme au caractère doux et calme. Avec ma mère, ils formaient un très beau couple. Le dimanche quand nous nous préparions pour aller à la messe, le même rituel s'invitait. « Marie-Helena, qu'est-ce que je mets ? Ah non ! Pas cette chemise. » Maman choisissait ses vêtements afin qu'ils soient tous les deux assortis alors que Laurie et moi étions vêtues de la même manière. Pour moi, ça reste l'image du bonheur.

L'histoire d'amour de mes parents a commencé comme dans un film. Quand ils se rencontrent en 1983, ils ont chacun déjà des enfants. Responsable à la Sécurité Sociale quelques années auparavant, Papa est désormais secrétaire de mairie au Prêcheur. Maman, qui s'est séparée de son compagnon, est revenue y vivre avec deux de ses trois filles, Claudia, 4 ans, et Marie-Emeline, 3 ans. Elle s'est installée chez sa grand-mère (mon arrière-grand-mère) que l'on surnomme affectueusement Man Didi. Cette dernière vit non loin de la mairie dans une petite maison. Alors, le soir, pour ne pas la déranger, Maman sort avec mes grandes sœurs afin qu'elles puissent jouer jusqu'à ce qu'elles soient fatiguées. C'est là que mon papa la remarque pour la première fois.

À l'époque, maman travaille à la Socomor (une usine de transformation d'ananas qui a fermé il y a quelques années) au quartier Champflore, au Morne Rouge. Tous les matins, elle doit faire du stop entre le Prêcheur et le Morne-Rouge pour y aller. Un jour, mon papa l'interpelle. « Je peux te demander un service. » Méfiante, maman lui rétorque. « D'accord, mais tout dépend de quoi. » « J'ai des chemises de nuits de ma mère, qui est hospitalisée à laver et repasser, peux-tu me rendre ce service s'il te plaît ? ». C'est le job de ma mamie Denise, blanchisseuse. Ma mère prend donc le panier et le remet à ma grand-mère. En une journée, le travail est réalisé. Du coup, mon papa redemande à ma mère : « Serait-elle d'accord pour recommencer ? » Maman lui répond : « Sans aucun problème. »

Puis, il demande à un monsieur, Natchimie Antoine, de veiller sur elle, de la surveiller quand elle est sur la place avec les enfants. Mon père fait tout pour faciliter la vie de ma maman. À l'époque, on termine de construire la cité Coquette, celle où j'ai grandi. Au moment de l'attribution des logements, Papa insiste pour que ma mère puisse avoir celui qu'elle souhaite. Il y parvient mais quand Maman entre dans la maison, il n'y a rien mis à part les murs. « Comment tu vas aménager ta maison ? », lui demande mon père. « Je vais me débrouiller, petit à petit », répond-elle pas du tout découragée par l'ampleur de la tâche.

Un soir, sa vie bascule en sortant du boulot. La route de la maison n'étant pas goudronnée, en arrivant devant sa porte elle constate des traces de pneu sur le sol et demande à la voisine Madame Liliane : « Qu'est ce qu'il s'est passé, pourquoi il y a autant de traces de pneu devant chez moi ? » La voisine lui dit : « Rentre à l'intérieur tu verras pourquoi. » Intriguée, elle suit le conseil de la voisine, et constate un changement radical dans la maison en ouvrant la porte. Elle n'avait qu'une vieille table qui tenait à peine debout et quatre chaises fabriquées à la main. Sous le choc, elle découvre que mon Papa lui a tout acheté : salle à manger complète, salon, chambre à coucher complète... Maman se met à pleurer, elle a du mal à réaliser alors elle appelle ses sœurs, Tatie Madeleine et Tatie Laure, pour leur montrer la manière dont la maison est bien aménagée. Elle les interroge : « Comment je vais faire pour rembourser le Monsieur ? Je n'ai rien demandé, je n'ai pas envie qu'on me critique. » Tatie Madeleine explose de rire. Tatie Laure dit : « É kouman i ja meublé kay la, si y mandew enmen, mwen pa ka wè ki problew i ni an sa » (Eh bien, il a déjà meublé la maison, s'il te dit maintenant qu'il t'aime, je ne vois pas le problème).

Connaissant ma mère, elle était un peu réticente à l'idée de se lancer dans une nouvelle histoire. Elle sortait d'une déception avec le papa de mes grandes sœurs et voulait peut-être pas repartir dans une autre histoire et souffrir, encore. Mais mon papa a bien fait les choses, il a commencé par prendre soin de ma mère, ensuite il a meublé la maison et pour finir il a pris soin des enfants de Maman comme s'il s'agissait des siens. Ils se sont mariés bien plus tard puisque j'étais présente à la cérémonie. J'étais toute petite. Je trouve que leur histoire reflète bien mon papa. Il voulait aider et protéger. Après, il faut avouer que ma maman est une belle femme et que mon papa était un charmeur et un beau gosse. Il a sans doute un peu joué sur cela aussi.

Durant les huit premières années de mon existence, mon père représente tout pour moi. Je ne le laisse pas faire un pas sans moi. Nous sommes connectés l'un à l'autre, je ne sais pas pourquoi, je ne me suis jamais posé la question. Mon papa a toujours été très protecteur avec ses enfants. J'ignore si c'est parce que je suis la dernière, mais je suis tout le temps accrochée à lui. Même à l'église, au lieu d'écouter le prêtre, je l'écoute lui. Je me mets entre ses jambes, je le taquine. Parfois, quand je suis fatiguée, je dors contre son épaule. Je veux savoir tout ce qu'il fait. Je sais même parfois des choses que ma mère ignore et qu'elle apprend par la suite. Par exemple, quand il a un rendez-vous à Fort-de-France, je suis au courant avant ma mère. Nous discutons beaucoup, tout le temps. J'aime lui mordre les oreilles, lui caresser les cheveux. Je suis sur lui 24 heures sur 24.

On regarde aussi le foot ensemble même si mon père est plus intéressé par la politique que par le sport. D'ailleurs, avant sa mort, il a demandé à ma mère de nous déconseiller d'exercer le métier de secrétaire de mairie, une fonction qu'il jugeait ingrate, sans reconnaissance des efforts fournis. Pour le reste, il nous a toujours encouragées à faire ce que nous aimons.

J'adore m'asseoir derrière lui dans la voiture quand nous allons au Lorrain où se trouve sa maison. Je revois la scène. Alors qu'il doit prendre plein de virages, je lui dis : « Allez Papa, appuie sur le champignon. » Ma mère, à côté, s'agrippe comme elle peut à son siège car elle a un peu peur. Il m'écoute et pousse un peu sa Citroën bleu 756 AQH. Ma mère le dispute gentiment : « Georges, ou ka kouté tchanmail la. Assé épi bagay ou la » (Georges, tu écoutes l'enfant. Arrête avec ce truc). Et nous rions de bon cœur.

Mon papa était grand, il avait un beau gabarit et une voix douce. C'était rare qu'il s'énerve. On dit qu'il faut se méfier de l'eau qui dort. Dans son cas, c'était vrai. Quand il s'énervait, il était hors de lui. Les gens se disaient : « Ce n'est pas Georges, ce n'est pas possible. » Mais la plupart du temps, il était calme. L'opposé de ma mère qui possède un fort caractère. Il détestait les embrouilles et tentait plutôt d'arranger les choses, de toujours trouver une solution avant d'élever la voix. D'ailleurs, à la maison, il n'y en avait pas entre lui et ma mère ou alors ça se réglait vite car mon père n'aimait pas ça.

Un samedi matin de l'été 1998, alors que nous venons de fêter quelques jours plus tôt la victoire de la France en finale de la Coupe du monde de football, Papa entre dans la maison et nous dit qu'il ressent une douleur au niveau du torse. Quelques minutes plus tôt, il était à l'extérieur de la maison et s'occupait tranquillement du jardin. Il se rend aux toilettes. Je lui dis : « Ne tire pas la chasse, j'irai après toi. » J'y découvre le sang qu'il a craché. J'appelle ma mère sur son lieu de travail, afin qu'elle puisse l'accompagner rapidement chez le médecin.

Le docteur lui prescrit des analyses. Le diagnostic tombe rapidement. Mon père est atteint de deux cancers : prostate et poumons. Le second est déjà à un stade très avancé. Il ne lui reste plus qu'un mois à vivre selon le médecin. C'est la stupéfaction.

J'ai une conviction concernant la maladie de mon père. Je suis persuadée qu'on a un peu abusé de sa gentillesse. Pour moi, on l'a tué, on l'a empoisonné. Après sa mort, un monsieur a dit qu'il fallait qu'on en termine avec lui. Autre chose : mon père n'a jamais fumé, il ne buvait pas d'alcool et il a développé un cancer aux poumons…

Il nous avait raconté qu'un matin, lors d'une conférence politique dans une autre mairie, il a été incommodé par une forte odeur devant la mairie. À la suite de ça, il a souffert de brûlures à l'estomac. À partir de cet épisode, sa santé s'est dégradée d'autant qu'il n'est pas allé voir un médecin tout de suite. Mon père pratiquait l'automédication en espérant que ça passerait.

Je prends tout de suite conscience de la gravité de la situation car ma mère fait des allers-retours quotidiens à l'hôpital. Je l'accompagne souvent. Au début, Papa est hospitalisé à Fort-de-France, à l'hôpital Albert-Clarac avant d'être transféré au Carbet quand il est vraiment en fin de vie. Lorsque je vais le voir, j'essaie de jouer avec lui, de le taquiner. Il veut faire bonne figure, montrer qu'il va bien, mais il n'y arrive pas. Je vois qu'il est vraiment affaibli. Parfois, on lui parle et il n'a même pas de réaction. C'est très dur. Pour ma mère, qui tient à être présente pour lui, c'est aussi très difficile. Un jour, elle est tellement fatiguée qu'elle passe tout près d'avoir un accident en s'endormant au volant. Après cette frayeur, on demande à l'un de mes cousins de la conduire. Un autre jour, elle est tellement épuisée, qu'elle s'évanouit devant la porte de la maison. Cette période est vraiment éprouvante d'autant que mes sœurs et moi ne voyons quasiment pas Maman à la maison.

Papa fait beaucoup de chimiothérapie mais son état ne s'améliore pas. Au début, le médecin ne veut même pas nous dire la vérité mais nous pressentons quelque chose d'anormal. Habituellement, quand une personne est hospitalisée, elle est censée aller mieux au fil des jours mais l'état de mon papa ne cesse de se dégrader. Le médecin prend ma mère à part et lui annonce qu'il ne lui reste plus longtemps à vivre.

Je n'oublierai jamais la discussion que nous avons, mon père et moi, en tête-à-tête dans sa chambre. Il sait que c'est fini et tient à nous faire passer un dernier message. Au début, il parle à Laurie, ma mère et moi. Ensuite, il nous prend à part Laurie et moi. Il nous dit que nous ne devons pas faire de peine à notre maman. Qu'elle a déjà assez souffert et que nous devons l'aider, lui obéir. Pour finir, je reste toute seule avec lui.

Il me délivre des messages, me dit des choses sur mon avenir que j'ai mises en pratique. Je constate aujourd'hui que ces choses se sont réalisées. J'ai toujours eu des étoiles sur ma route pour me guider. Je fais ici allusion à deux personnes qui continuent à me guider.

La conversation que nous avons eue restera gravée dans ma tête toute ma vie. Ces mots resteront également entre lui et moi. À ce moment-là, il me parle de ma mère, de mes sœurs, de la famille. Nous avons une discussion de grandes personnes. Une discussion que je ne suis pas censée avoir à 8 ans normalement. Je réponds simplement : « OK Papa. » À ce moment-là, il m'avoue qu'il va partir. Et dans ma tête je me dis : « Ça y est, c'est fini. » C'est pour cette raison que quand Marie-Line nous annonce qu'il est mort, ce mardi du 25 août, dans sa chambre, je ne pleure pas. Je suis préparée.

Sur la fin, mon père souffre, il ne se sent pas bien mais il fait des efforts. Un jour, il a cette discussion étrange avec ma mère. Cette dernière n'en saisira le sens qu'après sa disparition. Papa lui demande : « Va te renseigner sur le prix d'une croisière. » Il faut savoir que ma mère a toujours rêvé de faire une croisière avec mon père. Ses mots, c'est un signal fort qui annonce qu'il va partir. Sur le coup, maman lui dit seulement : « Georges, ce n'est pas possible, tu es trop malade. Tu ne vas pas quitter l'hôpital pour aller faire une croisière. » Elle ne va évidemment pas regarder combien coûtent les billets pour la croisière. Pour ma maman, la disparition de son époux a été très dure à accepter car sa vie a vraiment changé quand elle a connu mon père. Finalement, elle n'a pas passé assez d'années avec lui.

Le jour de son décès, quand nous arrivons à l'hôpital avec mes sœurs, le médecin, à la porte de la chambre, nous fait signe que c'est fini. Nous entrons et nous voyons

Papa recouvert d'un drap blanc sur le lit. Maman crie, je l'entends encore. Cette épreuve m'a fait grandir. Je perds mon papa et je me dis que nous ne méritons pas cela. Je m'interroge : « Pourquoi nous ? » Et puis je comprends. Je me dis que mes parents ne seront pas toujours là et que je dois prendre ma vie en main.

Étant très proche de mon papa, tout le monde m'observe, persuadé que je vais craquer. Mais je ne pleure pas. J'ai une foi inébranlable en Dieu. Pour moi, certaines choses prouvent son existence. Par exemple, quand mon père décède, on demande à ma mère comment elle veut faire pour l'emmener au Prêcheur pour la veillée mortuaire. Ma mère souhaite partir tout de suite avec son corps. C'est Tatie Amélie, la femme de mon tonton Gérard (décédé quelques années plus tard), qui effectue le trajet en voiture du Carbet au Prêcheur avec mon père décédé, allongé sur ma mère, à l'arrière du véhicule. Une fois arrivés à la maison, il faut le sortir de la voiture pour le transporter dans leur chambre. Mes tontons, mes cousins sont présents. Ils essaient chacun à leur tour de le soulever. Personne n'y parvient. Ma mère s'approche et le prend toute seule puis l'amène jusque sur le lit dans leur chambre. Il veut que ce soit ma mère qui l'emmène, j'en suis convaincue.

Ensuite, nous nous occupons de lui. J'aide Maman à effectuer sa toilette avec un gant. Nous l'habillons. Il est très beau mais il est mort et je ne peux plus rien faire. J'ai du mal à réaliser. Je lui fais encore quelques câlins. Puis, il est placé dans le cercueil et j'ai toujours cette impression qu'il dort paisiblement. Quelque part, j'espère qu'il va se réveiller. Mais ce n'est pas le cas. J'essaie de tourner sa tête, elle retombe immédiatement.

La veillée dure deux jours. Je ne lâche pas mon père d'une semelle. Je veux regarder chaque personne qui vient le voir. Parce que je sais que des gens lui ont fait du mal. Tout le monde m'observe pensant que j'allais m'effondrer au moment où je perdrais mon père. Mes sœurs, mon parrain, ma mère pleurent. Moi, non. J'ai quelques larmes de rage quand je vois des gens que mon père n'aimait pas. Je pars dans ma chambre quelques minutes pour ne pas pleurer devant eux, puis je reviens auprès de mon père. Je dis que je ne veux pas que ces gens soient présents. Ils quittent les lieux. Pendant l'enterrement, au cimetière du Prêcheur, je ne pleure pas. Le cercueil glissant dans le caveau est sans doute le moment le plus difficile de ma vie. Une fois qu'il est au fond du trou, j'attrape ma mère et ma sœur Laurie et je dis : « On y va. »

Mon papa était l'aîné d'une fratrie de cinq garçons dont il ne reste, aujourd'hui, que tonton Alex et mon parrain Marc. Les trois premiers sont partis dans leur ordre de naissance. Ma mamie a enterré son premier enfant, mon papa, Georges. Ensuite, tonton Gérard, qui était sur chaise roulante, est parti. Nous l'avons enterré au Morne-Rouge. En 2018, je suis venue pour l'enterrement de tonton Roland (Roro). Je considère désormais mon parrain, qui est le dernier de la fratrie, comme mon père. Plus mon parrain vieillit, plus il ressemble à son frère Georges. C'est le même. Quand Papa était encore là, on ne se voyait pas beaucoup pourtant mon parrain a été très présent après son décès. Quand nous étions trop en difficulté, je l'appelais et je lui demandais de l'aide. Il m'envoyait de l'argent ou il allait acheter des choses qu'il m'apportait. Ma mère ne savait pas forcément que je le sollicitais. Elle avait peur que mon parrain pense que c'était elle qui me poussait à faire ça. Mais il m'avait dit : « Si tu as besoin de quoi que ce soit, n'hésite pas Parrain sera là. » Je n'abusais pas mais je lui demandais parfois un peu d'argent, notamment pour m'acheter des crampons. Tatie Muguet, la femme de tonton Alex, le frère de mon père, nous donnait aussi une enveloppe avec de l'argent de temps en temps à Laurie et moi quand nous allions leur rendre visite à Saint-Pierre. Ils connaissaient leur frère. Ils savaient qu'il a été très malheureux de partir comme ça et de nous laisser sans assurance financière.

Mon père n'a pas eu le temps de me voir jouer en match. Il me voyait courir après le ballon sur le parking de la cité ou dans la maison. Mais je reste convaincue qu'il me voit de là où il est. J'aurais bien sûr aimé qu'il soit présent physiquement et voir l'expression de son visage en me voyant sur le terrain. Mais c'est ainsi et je sais qu'il est là. Je le sens. Je pense tout le temps à lui, chaque jour. À la maison, j'ai placé sa photo à côté d'une croix. Quand je me réveille le matin, je le vois. Mon papa est toujours là. Physiquement, je ne l'ai plus, mais son âme est toujours vivante. Il est à un endroit où il est mieux, il a arrêté de souffrir. Quand une personne qu'on aime décède, c'est dur mais je pense à lui, je vis son départ comme une « délivrance ». On n'aurait pas pu faire grand-chose pour lui. Le voir tous les jours me faisait mal car je ne pouvais rien faire pour l'aider. On se demandait pourquoi ça nous arrivait mais c'était un soulagement intérieur de voir qu'il ne souffrait plus.

Quand je dis que je crois aux signes, quelques années après le début de ma carrière, j'en ai reçu un qui me paraissait extraordinaire. J'ai joué longtemps auprès de Laura Georges en équipe de France et à Lyon. Nous formions une charnière centrale : Georges-Renard. Je savais que rien ne pouvait m'atteindre car mon père était là. Quand je voyais Georges-Renard, je savais que je bénéficiais d'une protection naturelle. Et puis, en sélection, il y avait aussi cette *Marseillaise* qui me ramenait toujours à lui. Quand il l'entendait, il se mettait à pleurer. Je n'ai jamais su pour quelle raison. Je le regardais et je lui demandais : « Qu'est-ce que tu as ? » Il ne répondait rien. Quand elle résonne avant les matches que je dispute avec l'équipe de France j'ai une pensée pour lui. Je lève systématiquement les yeux au ciel en pensant à lui.

L'autre signe assez incroyable est arrivé le 25 août 2011, soit exactement 13 ans jour pour jour après le décès de mon père. Ce jour-là, ma sœur Laurie a donné naissance à son premier enfant, son fils, Liorick. L'heure de sa naissance correspond quasiment à celle du décès de mon père. Au fur et à mesure des années, mon cœur se serrait quand je pensais à l'absence de mon père. Je faisais une prière pour lui, j'allumais une bougie. J'ai l'impression que Liorick est né ce jour-là pour ne pas qu'on soit dans la tristesse. Entre joie et tristesse, j'avais le même amour pour deux personnes. Je me dis que même pour sa mort et son enterrement, mon père ne voulait pas que nous soyons tristes. C'est pour ça que je dis ce petit-là, mon filleul, a un truc. Il y a 365 jours dans l'année et il faut qu'il naisse le jour du décès de mon père. Je suis contente car ça veut dire qu'il a une protection naturelle même s'il n'a pas connu son papi. Ce lien est encore plus fort. Ça me fait sourire parfois. Je me dis que c'est fou. Pour moi, il n'y a pas de hasard. S'il se passe quelque chose, c'est pour une bonne raison.

Malgré cette peine liée à la disparition de mon papa, j'ai envie de retenir surtout les moments où il avait le sourire, les moments passés en famille. Quand on est dans la voiture et que je le taquine, quand on sort de la messe et que j'attrape sa main. Je veux garder l'image d'une famille unie. De même que je conserve les souvenirs de son passage à l'hôpital, il m'a dit des choses tellement importantes. Il a réussi à réunir la famille dans un moment grave. Il nous a montré qu'il ne fallait pas lâcher quoi qu'il arrive. Après une telle épreuve, j'ai gagné en maturité. Je me suis dit que je ne pouvais pas attendre après ma maman pour prendre ma vie en main. Tout le monde perd quelqu'un un jour ou l'autre, ensuite, il s'agit de choisir de quelle manière on va réagir. Soit on sombre, soit on relève la tête, on avance et on se bat.

TÉMOIGNAGE

MARC RENARD
le parrain de Wendie

Georges, le papa de Wendie, était l'aîné et moi le dernier. Nous étions cinq frères. Outre le fait que je sois le parrain de sa fille, avec mon frère, nous avons eu des relations particulières. En effet, Georges était aussi mon parrain. Quand Wendie est née, il m'a demandé si j'acceptais d'avoir ce même rôle pour son enfant. Dans un premier temps j'ai refusé car je commençais déjà à avoir un certain âge, je lui ai conseillé de confier ce rôle à quelqu'un de plus jeune. Parrain, ce n'est pas anodin. Il a insisté et j'ai accepté. Finalement, j'étais content.

Quand mon frère est décédé, à l'été 1998, j'ai essayé de prendre le relai même si je n'ai pas fait autant que ce que je voulais.

Avec Wendie, on s'appelait, le soir. Nous discutions quand je rentrais du boulot, nous avions des conversations très intéressantes. De temps en temps, sa sœur Laurie et elle venaient passer un week-end à la maison.
Puis elle est partie, il y a eu le semi-échec de Clairefontaine. Le problème quand elle a fait son essai, c'était la première fois qu'elle partait seule. Pour une Antillaise qui voyage pour la première fois en Métropole, même quand il fait 16 degrés, il fait froid. C'est peut-être pour cette raison qu'elle n'a pas pu montrer son meilleur visage même si je suis persuadé, la connaissant, qu'elle a fait de son mieux. Je ne pense pas qu'il faille en vouloir à ceux qui ne l'ont pas sélectionnée, qui n'ont pas senti le coup. Elle n'était pas dans un environnement qui lui permettait de s'exprimer. À Lyon, c'était différent : elle était avec Fred et Joan, entourée, on l'a mise en confiance.
Je ne dirais pas que Wendie a un don pour le foot en particulier. Si elle avait choisi le handball ou le basket, elle aurait réussi car sa qualité première c'est d'abord le travail. Elle est sérieuse, quand elle a un objectif, elle sait être pugnace. C'est ce qui fait la différence. Si Wendie n'avait pas été joueuse de football, elle aurait pu tout faire. Elle a des qualités pour réussir dans des domaines autres que le sport. Elle est intelligente, sérieuse. Quand elle s'est fixé un objectif, elle se donne les moyens de l'atteindre. Je ne me fais pas de souci pour la suite.

Wendie aime aussi profondément la Martinique. À chaque fois qu'elle en a l'occasion, elle revient. Je le comprends car la Martinique est belle. Elle a beaucoup d'attaches ici. La famille compte beaucoup pour elle. Wendie aime partager, elle est très sociable, très disponible pour les siens.

LA VIE APRÈS

Après le décès de mon père, j'ai fait un choix. Celui de ne pas sombrer. J'étais tellement attachée à lui que j'aurais pu tout envoyer balader, prendre un mauvais chemin après l'avoir perdu. Mais, comme je l'ai dit précédemment, cela m'a ouvert les yeux. Ma maman devait faire face à des difficultés financières alors j'ai essayé de faire des choses par moi-même. J'étais une petite fille plutôt débrouillarde. Je me trouvais des activités pour toujours à avoir ma petite monnaie en poche.

Habitant dans une commune de pêcheurs, je suis allée tirer la senne. En quoi ça consiste ? Aider les gars qui sortent les filets au retour de la pêche. Une fois que c'est terminé et que les poissons sont hors de l'eau, ils en donnent un ou deux kilos à conserver ou à revendre. Je revendais mon poisson puis je mettais mon argent dans ma tirelire. Je m'étais associée à un voisin et pendant les vacances scolaires, nous nous levions à quatre heures du matin car il fallait être présents très tôt. Nous partions avec nos seaux et nos sacs plastiques. Nous faisions deux ou trois coups de senne. Ainsi, nous récupérions environ six kilos de poisson que nous vendions principalement aux petites mamies. Nous allions frapper chez les gens : « Bonjour, vous voulez du poisson ? Il est tout frais. » Au bout d'un moment, je connaissais ceux qui voulaient mon poisson. J'avais mes clients et c'était plus facile.

Je vendais aussi des quenettes (un fruit proche du litchi) avec ma cousine Sandrine. Je trouvais mes quenettes à la Glacie près de chez ma mère dans un arbre où l'on peut se servir librement car il n'appartient à personne. Soit j'utilisais ma petite goelette pour cueillir les fruits, soit nous prenions une échelle pour grimper. Nous préparions un grand bac avec plein de bouquets de quenettes, puis je demandais à ma mère de nous déposer à l'Anse Céron, une plage très touristique du Prêcheur. Ma période privilégiée pour les vendre se tenait durant le Tour des Yoles, fin juillet, début août.

Effectuer ces petits boulots me permettait de me faire plaisir. Avec mes sœurs, nous n'avons pas été habituées à avoir beaucoup de cadeaux. Les parents employaient une expression qui me fait rire maintenant : « Cado, c'est en chien, i ja décédé » (Cadeau, c'est un chien, il est déjà décédé). Ça voulait dire qu'il ne fallait pas trop compter sur le fait d'en recevoir. Pour pouvoir me payer ma première PlayStation, j'ai dû économiser durant trois ans. J'ai ensuite donné l'argent à ma mère qui me l'a commandée sur le catalogue Les Trois Suisses. J'avais aussi acheté un jeu de foot, le seul avec lequel je jouais.

Un autre de mes plaisirs était de m'acheter des bokits (un sandwich guadeloupéen dont le pain est frit) lors de la fête du Prêcheur. Une sorte de food-truck s'installait dans le commune et nous vendait des bokits au steak, au poulet, à la morue, pour cinq euros. Je ne voulais pas solliciter ma mère, car il arrivait qu'elle soit un peu juste, alors je piochais dans mes petites économies. Et puis j'aimais bien me payer mes trucs.

J'essayais aussi d'acheter le pain pour la maison. La voiture du livreur passait en klaxonnant. Quand nous étions un peu juste, parfois, le boulanger notait dans un petit calepin le nombre de pains que nous avions pris, il nous faisait crédit et nous pouvions le payer plus tard. Il m'arrivait de lui donner son argent à la fin du mois. Une fois ma mère, qui ne connaissais pas ma combine, m'a dit : « Mais comment tu vas faire pour payer le monsieur ? » J'ai répondu : « T'inquiète, je vais gérer. » Je l'ai toujours payé. Même certaines fois quand j'avais un peu de sous je lui en donnais en avance comme ça j'étais sûre que nous aurions de quoi manger.

Ma mère n'avait pas d'argent pour m'acheter des crampons. C'était quand même un peu cher et, surtout, pas la priorité. Une fois, l'un de mes amis, Steeve Elisabeth, qui faisait la même pointure que moi, m'a donné une paire qu'il ne portait plus. J'ai aussi sollicité mon parrain pour qu'il m'en achète. Je faisais très attention à mes affaires. Je n'étais pas sponsorisée, je ne pouvais pas changer de paire de crampons tous les deux, trois mois, je les gardais plutôt un ou deux ans. S'il le fallait, je les rafistolais même avec du scotch.

Depuis toute petite, j'adore les baskets. Pour la rentrée des classes, ma mère nous en achetait une belle paire. Avant ma rentrée en sixième, j'avais réussi à économiser pour me payer des baskets blanc cassé. La veille du premier jour d'école, j'ai dormi avec mes baskets et mon jean à côté de moi. J'étais plutôt fière et j'avais hâte de les mettre.

Et l'école justement ? J'étais une bonne élève en primaire. J'aimais bien participer à l'oral mais je dois avouer qu'il y a des matières qui ne m'intéressaient pas du tout. Au collège, un professeur d'histoire-géographie, qui avait eu ma grande sœur Gladys, notait très sévèrement.

Avec lui, si tu avais 8/20 dans un contrôle, c'était presque une bonne note. Mon cousin Jean-François a réussi à avoir 13 de moyenne avec lui. Gladys, une fois, a obtenu un 14 à un contrôle. Ma plus mauvaise note avec lui, c'est un 3/20. La meilleure ? Un 8,5/20. Il m'a fait détester l'histoire-géo. D'ailleurs, je sais où il habite au Carbet. À chaque fois qu'on passait en voiture devant sa maison, en descendant en ville, je baissais la fenêtre côté passager et je l'appelais : « Buranddddd ». Ça me faisait bien rire. Je l'ai eu en sixième, en quatrième et en troisième, les mauvaises notes qu'il me mettait faisaient baisser ma moyenne. Mon seul répit fut en cinquième. En revanche, j'aimais bien les mathématiques et la physique-chimie car je pouvais faire les mélanges de produits. J'avais de bonnes notes dans ces matières. Mais évidemment, la matière dans laquelle je brillais, c'était le sport : j'explosais tout ! C'était plutôt logique car depuis petite, j'ai toujours fait beaucoup de sport dans le sillage de ma mère et de mes tantes qui étaient toutes très sportives. À l'époque, j'ai déjà en tête de devenir footballeuse professionnelle et je mets tout en œuvre pour y parvenir.

MON ÉDUCATION ANTILLAISE

Quand j'ai quitté le Prêcheur, j'avais tellement envie de réussir dans le foot, que je n'avais pas conscience de tout ce que je laissais derrière moi. J'ai quitté les amis avec lesquels j'ai grandi, mon papa qui est enterré là-bas et que je ne peux pas aller voir quand je veux, et surtout ma maman. Au fil des années, je me rends compte que certaines personnes et certaines choses me manquent.

Souvent, je me dis qu'au pays, nous avons tout. Nous pouvons nous contenter de peu pour bien vivre : un bon job et un moyen de se déplacer. Pour moi c'est l'essentiel. En étant loin de mon île, je me suis rendu compte de la richesse que nous possédons, nous, Antillais. Celles et ceux qui ne sont pas encore partis de l'île n'ont peut-être pas ce recul nécessaire pour voir la chance que nous avons. Si le frigo est vide, nous avons toujours la possibilité de trouver un légume du pays ou de partir pêcher.

Et puis, il y a une vraie solidarité entre les gens. Je prends l'exemple de mon neveu. Quand ma sœur Laurie est arrivée à Lyon, elle a parfois galéré pour aller le chercher à l'école alors qu'en Martinique, il y a toujours une voisine pour récupérer les enfants. En Métropole, ces choses-là peuvent manquer, surtout dans les grandes villes. En arrivant ici, je me suis rendu compte du choc des cultures. Par exemple, je disais bonjour à tout le monde et certaines personnes étaient surprises ou alors elles ne me répondaient carrément pas. Cela m'intriguait. En Martinique, si je ne disais pas bonjour à quelqu'un, ma maman me reprenait. Elle me demandait si j'avais un problème avec la personne. « Ki sa i fèw ? » (Qu'est-ce qu'elle t'a fait ?).

Le manque de la Martinique ne s'est pas fait ressentir immédiatement car j'avais réussi à me reconstruire un cocon avec Joan et Fred. J'étais bien. Même quand ma mère m'appelait, ça passait tout seul. J'ai vécu la moitié de ma vie au Prêcheur et l'autre en Métropole. Je dis maintenant que Lyon c'est ma première maison. Ma vie de jeune femme s'est construite ici. Pourtant, mes origines sont ancrées. Par exemple, comme beaucoup d'Antillais, l'expression de mon visage me trahit. Je ne vais peut-être pas parler mais on va vite comprendre quand je ne suis pas d'accord. Je ne suis pas fausse, hypocrite. Quand j'aime, j'aime. Si je n'aime pas, ça se voit immédiatement, à l'image de ma mère. Quand elle a quelque chose à dire, elle ne passe pas par quatre chemins, elle nous a transmis cette éducation : si tu as quelque chose à dire, tu le fais mais toujours dans le respect.

Je trouve qu'en Métropole, les Antillais ne sont pas toujours bien considérés, toujours obligés d'en faire plus pour prouver qu'ils méritent qu'on leur fasse confiance. Ça peut être handicapant pour progresser, notamment dans le milieu professionnel. Ils ne sont pas toujours perçus comme des Français à part entière et c'est dommage car les Antilles sont pleines de personnes talentueuses à qui on ne donne pas toujours leur chance. Avant d'arriver à Lyon, je ne savais même pas que j'avais un accent. J'ai subi quelques moqueries. Il y avait peu d'Antillais avec moi donc je ne parlais pas créole, sauf quand quelque chose m'énervait, les mots étaient plus difficiles à trouver en français. Parfois, je prononçais aussi un mot et les filles me demandaient : « Tu as dit quoi là ? On ne dit pas comme ça. » Je répondais : « Bah si ! » On te fait comprendre limite que nous ne savons pas nous exprimer correctement en français. En fait, au bout d'un moment, j'ai commencé à me remettre en question et pour m'intégrer, je me suis sentie obligée de faire comme les autres. À force de faire des efforts pour être acceptée, je ne me reconnaissais plus, ce n'était pas moi ! Au bout d'un moment, j'ai pensé : « Stop, je m'en fous. Vous allez m'accepter telle que je suis. »

Aux Antilles, on écoute énormément de musique. Chez ma mère, on faisait tout en musique (le ménage, le repassage, la cuisine, etc.). Depuis toute petite, j'ai baigné dans cette ambiance, un peu festive. Arrivée ici, quand j'écoutais ma musique, j'avais des réflexions : « Tu écoutes tout le temps du zouk ou de la musique antillaise. » Intimement, je me disais : « En même temps, j'en suis une Antillaise, je vais écouter quoi ? » J'avais l'impression qu'on me reprochait d'être différente. Certaines personnes ne faisaient même pas l'effort de me connaître. Je suis fière de mes origines, de ma culture, je ne changerai pour personne, j'écoute et fais ce dont j'ai envie dans le respect des autres. Ma mère nous a toujours dit que si nous ne voulions pas de problèmes, il ne fallait pas aller les chercher, que si nous voulions que les gens nous respectent, nous devions aussi les respecter. Que nous devions mettre tous les atouts de notre côté pour réussir. Qu'on n'ait rien à nous reprocher. J'ai toujours fait en sorte de ne pas être critiquable et je ne laisse rien au hasard, je suis méticuleuse voire perfectionniste, « droite dans mes bottes ». Quand j'ai un rendez-vous, j'arrive dix minutes voire un quart d'heure avant l'heure prévue. Je suis ponctuelle, donc quand je suis en retard, les gens savent que c'est parce que j'ai un problème. Cela vient de l'éducation de mes parents, mais aussi de l'exigence que j'ai envers moi. Nos parents nous offrent le meilleur d'eux-mêmes, des objectifs, une ligne de conduite, à nous d'en garder le meilleur, et nous en faisons ce que nous voulons. Avec ma mère, nous devions marcher droit et si nous dérapions, « Ou ka pran kay ou et ou ka pati » (Tu prends ta maison et tu t'en vas). Elle n'aurait pas hésité à nous mettre à la porte car elle voulait des enfants bien éduqués, respectueux, travailleurs. Au collège, des filles partaient en jeans de chez leurs parents puis, arrivées dans le bus, se changeaient pour mettre des mini-jupes. Jamais je n'aurais pu faire ça. Si j'étais tombée sur un parent qui connaissait bien ma mère, il lui aurait dit : « J'ai vu ta fille, elle était habillée comme ça, elle faisait ci, elle faisait ça. » Si c'était arrivé aux oreilles de ma mère, c'était fini pour moi, elle m'aurait réglé mon compte à la maison.

Dans mon éducation, il y avait cette peur de décevoir mes parents. Mais aussi cette crainte de savoir que si je sortais du cadre, ma mère me priverait de foot et donc de ce que j'aimais le plus. Et je voulais pratiquer ce que j'aimais. Et avec ma mère, pas pas de foot sans église même si je ne me suis pas forcée pour me rendre à la messe. Mais c'était la règle et si Maman a le cœur sur la main, qu'elle te donne ce qu'elle peut, ce qu'elle a, dès que tu commences à faire le serpent, elle sévit.

Dans mon enfance, deux corrections m'ont marquée. La première m'a été infligée par ma grande sœur Claudia. Un mercredi, Maman part pour Fort-de-France. Avant son départ, elle me rappelle mes cours de catéchisme mais je pars avec les gars sur le terrain de foot du Prêcheur en début d'après-midi. Sur place, on s'aperçoit qu'un tracteur a fait un gros trou et formé un bassin dans la rivière dans lequel on peut faire des plongeons. Le « caté » commence à 16 heures mais je m'amuse tellement dans la rivière que je ne vois pas l'heure défiler. Claudia me cherche partout dans le quartier et, au Prêcheur, les nouvelles circulent vite et grâce aux gens, elle me retrouve vite. Avant de m'envoyer au catéchisme, elle me donne une petite correction. Heureusement, Maman se contente de me disputer quand elle rentre, ma sœur ayant déjà sévi.

La deuxième correction que j'ai reçue était bien méritée. Un dimanche, le linge à repasser s'amoncelle dans un panier. Ma mère nous dit à mes sœurs et moi : « Aujourd'hui, après l'église, il faudra repasser, il y a trop de vêtements dans le panier. » En rentrant de la messe, ma mère installe la table, elle pense que quelqu'un va s'y mettre. Personne ne bougeant, elle s'attelle donc à la tâche, tranquillement, sans rien dire. Quelques instants plus tard, je lui demande si je peux aller jouer sur le parking, taper sur le mur de dehors avec un ballon. Elle refuse : « Man diw i ni lenj pou ripase, ou pale ripasé me ou le ale jwe boul déwò-a, ka fe cho ? » (Je t'ai dit qu'il y avait du linge à repasser, tu ne veux pas, mais tu veux aller jouer au ballon dehors, où il fait chaud ?). J'insiste : « Je veux juste aller jouer un peu. » Maman ne veut rien entendre. Je me rassois donc devant la télé pendant qu'elle repasse. À un moment donné, je profite qu'elle s'éclipse dans sa chambre pour passer par derrière et sortir. Évidemment, elle entend le ballon sur le parking, mais me laisse faire. Quand je rentre à la maison, elle me dit : « Konbyen chyen ou jwenn déwò-a ka jwé boul ? » (Combien de chiens tu as trouvé dehors pour jouer au ballon avec toi ?). Et là, je ne sais pas pourquoi, je fais preuve d'insolence et lui réponds : « Je t'ai trouvée toi. » Ce jour-là, évidemment, je vais trop loin. « Kisa ou di mwen a », me demande-t-elle pour savoir si elle a bien entendu.

Ma maman se saisit d'une ceinture et me court après dans toute la maison. Je tente de me cacher sous le lit, elle me tire par le pied. Je fais le tour de la table et essaye de la calmer : « Pardon maman, pardon. » Mais elle n'entend rien. Je passe un sale moment puis, après cette volée mémorable, je file dans mon lit dans lequel je m'endors aussi sec. Depuis ce jour, je n'ai jamais repris de fessée. Ma maman évitait de me donner des coups mais là je pense, encore une fois, que je l'avais bien mérité.

Quand Maman n'était pas là, mes grandes sœurs prenaient le relais de mon éducation. Avec Laurie, nous n'étions jamais seules. C'est plutôt chouette d'avoir quatre sœurs. Dans la maison, nous étions trois : Claudia, Laurie et moi, Marie-Emeline étant partie faire des études assez tôt sur Fort-de-France au lycée de Bellevue. Ensuite, elle a pris son studio au lycée du Lorrain. Elle venait parfois le week-end nous rendre visite. Gladys, l'aînée, est partie tôt en Métropole avec son papa avant de tracer son chemin.

Nous avons toutes des caractères différents mais je m'entends bien avec toutes mes sœurs. Mais c'est peut-être avec Laurie que les liens sont le plus fort car nous n'avions que trois ans d'écart. Quand nous voulions sortir, il fallait que la maison soit parfaitement rangée et avec Laurie, nous nous répartissions les tâches. Et, quand Maman voyait le résultat, elle nous lançait : « Kouman, là ni en zouk weekend tala ? » (Il y a une soirée ce week-end ?). La maison brillait. Parfois, le samedi soir, nous allions à la messe pour pouvoir dormir le dimanche matin après le zouk. Ma mère ne nous a jamais privées de quoi que ce soit. Nous connaissions la règle : tu étais privée quand tu faisais des bêtises. Ramener un mot de l'école, c'était impossible à la maison. Nous pouvions avoir de mauvaises notes, c'était notre problème, mais les soucis de discipline, Maman ne les admettait pas et nous passions alors un sale quart d'heure. Avec ses filles aînées, ma mère a reproduit ce qu'elle a vécu avec sa propre mère et quand mes grandes sœurs racontent, je constate que notre mère a été plus dure avec elles qu'avec Laurie et moi mais toutes, nous avons été élevées dans la religion catholique. Ma foi a grandi au fil des années, certains signes, selon moi, prouvent que le bon Dieu n'abandonne jamais ses enfants. Nous avons galéré après la mort de mon papa. Mais ma mère a toujours trouvé une solution, même à la dernière minute. S'il nous manquait quelque chose à manger, une voisine nous apportait un igname. Parfois, je ne demandais rien à mon parrain et il nous apportait quelque chose. Ma grande sœur, Gina, à qui mon papa avait demandé de nous aider avant son décès, nous disait avant la rentrée scolaire : « Allez à Bata (un magasin de chaussures), je vous ai réservé un montant, choisissez celles qui vous plaisent. »

Aujourd'hui encore, je vais régulièrement à l'église, le dimanche quand nous jouons le samedi ou le dimanche si notre match a lieu le samedi et si nous ne sommes pas au vert. C'est naturel pour moi. Parfois, je suis fatiguée mais je considère que « le mal » ne demande que ça, que je ne participe pas à la messe. Mais si je suis capable de me lever à cinq heures du matin pour prendre un avion et partir en vacances, je peux bien me lever pour consacrer une heure à Jésus. Au réveil, je Le remercie pour la nuit passée et la grâce qu'Il me donne pour la journée à venir. Je me sentirais mal de ne pas aller à la messe et je m'y rends encore plus quand ça ne va pas. Certaines personnes ne mettent jamais les pieds dans une église sauf quand elles ont des problèmes et avec l'espoir de résultats immédiats. Avant, il y a quand même un processus. Même quand mon papa est parti, je n'ai pas douté de Dieu. Je me suis simplement dit que son heure était arrivée. Mon père n'a pas beaucoup souffert comme d'autres peuvent souffrir avant leur mort. Je pense que le bon Dieu l'a bien accueilli car il a toujours aidé les gens. Je préfère tout remettre dans les mains de Jésus. Quand je quitte l'église, je suis plus légère et je ne manque jamais de rencontrer le prêtre quand je rentre en Martinique. Avant la Coupe du monde 2019, je sentais que des choses bizarres se passaient, j'ai dit à Maman : « Demande au prêtre s'il sent quelque chose car je n'ai pas de bonnes sensations. » Il n'a rien voulu dire à ma mère. Mais, quand je suis revenue après la Coupe du monde, il m'a confié que des personnes avaient essayé de m'attaquer, de me faire du mal mais que j'avais de la chance d'avoir une maman qui priait autant. Je suis obligée de me protéger de certaines personnes mais je pense que j'ai quelque chose depuis la naissance. Je ne sais pas si c'est un don car j'ai aussi beaucoup travaillé, j'ai fait preuve d'abnégation. Mais si j'avais dévié de cette route, de cette foi en Dieu, je ne serais pas là. Je me fixe des objectifs et Lui va me permettre de les atteindre.

CLAIREFONTAINE

En avril 2006, le conseiller technique régional, Jocelyn Germé, convoque ma mère qui, quand elle le pouvait, venait me récupérer au lycée au François le vendredi. Autrement, je me débrouillais pour arriver à Fort-de-France en stop, puis je prenais un taxi jusqu'au Prêcheur. S'il me restait de l'argent, je le payais, sinon ma mère le faisait plus tard. Ce vendredi d'avril, elle nous rejoint près du terrain d'entraînement et Jojo Germé ne fait pas durer le suspense : « J'ai trouvé un essai pour Wendie, à Clairefontaine. Elle partira dans quelques semaines. » Je réponds simplement : « Ok, pas de problème. Peu importe où tu m'envoies, je veux partir. » Je ne connaissais pas du tout les tests à Clairefontaine, un endroit que j'avais vu dans des reportages à la télévision consacrés aux joueurs de l'équipe de France masculine. J'imaginais quelque chose de magnifique. Quand Jojo Germé nous annonce la nouvelle, je suis trop contente, mais ma joie est mesurée. Intérieure.

Ma mère, elle, commence à se gratter la tête car il faut payer le billet d'avion. Elle commence à réfléchir à la manière dont elle va procéder et décide de se tourner vers Alfred Marie-Jeanne que l'on surnomme « Chaben », à l'époque, président du Conseil Régional de Martinique. Elle lui explique que je dois partir pour Clairefontaine pour essayer d'intégrer le centre de formation mais qu'elle n'a pas l'argent pour acheter le billet. Une semaine plus tard, il lui donne rendez-vous en ville, à Fort-de-France, pour faire les papiers nécessaires à mon voyage et lors d'un événement organisé au Prêcheur, il lui apporte le billet d'avion en main propre.

Je n'ai pas du tout négocié avec ma mère malgré son appréhension de me voir partir en Métropole, de devoir m'acheter des vêtements pour supporter le froid et de me donner un peu d'argent de poche. Elle a dû se poser beaucoup de questions car financièrement ce n'était pas facile pour nous. Et puis je n'ai que seize ans, elle a besoin d'être rassurée, elle se demande si c'est une bonne idée et en discute avec ma tatie Laure. Cette dernière ne voit pas l'intérêt de me retenir si je suis déterminée : « De toute façon, si elle se trompe, elle rentrera à la maison. Il faut laisser les enfants faire leurs propres expériences. » Depuis la mort de mon papa, Maman fait attention de ne pas trop montrer qu'elle souffre. Pourtant avec mes sœurs, on voit que c'est difficile pour elle et j'ai appris il y a seulement trois ou quatre ans qu'elle n'arrêtait pas de pleurer quand je suis partie. Elle savait que si elle me l'avait dit, cela m'aurait fait de la peine car je lui avais toujours promis de ne pas la laisser. Après le décès de Papa, j'étais la première à partir, elle a eu du mal à l'encaisser. Moi, je n'ai pas eu tout ça à gérer, je ne voulais qu'une seule chose : partir pour réussir. Je voulais donner raison au CTR d'avoir cru en moi.

Quand elle me le tend mon billet d'avion, une fois de retour à la maison, je suis soulagée : « Enfin ! » Je suis vraiment très contente, mais j'intériorise ma joie, je sais que c'est difficile pour elle de me voir quitter le foyer, même si, à l'époque, je ne me pose la question du financement de ce voyage. À partir du moment où Jocelyn Germé est venu nous dire qu'il avait trouvé un essai, je n'attendais que le moment du départ. Comment ? Je ne savais pas, persuadée qu'on trouverait une solution, avec l'aide de mon parrain, de ma marraine. Je me serais débrouillée. Ma mère aussi, comme elle l'a toujours fait. À aucun moment je n'ai pensé ne pas pouvoir me rendre à Clairefontaine. Lorsque j'annonce à ma grande sœur Laurie, dont je suis très proche, que je pars, elle est ravie pour moi, je la saoule avec le foot depuis que nous sommes petites. Consciente que c'est mon bonheur, ma vie, elle ne souhaite que ma réussite.

L'excitation passée, je dois préparer mon sac avec l'aide d'une liste de choses à apporter : deux paires de crampons, une paire de moulés et une paire de vissés, des tenues de foot et, aussi, quelques affaires « civiles ». En réalité, je ne sais pas à quoi m'attendre réellement. En mai-juin, normalement, il fait chaud en Métropole mais j'emporte tout de même deux ou trois pulls. La distance avec Maman ne m'effraie pas, je sais que je vais retrouver de la famille à Paris, mon tonton Roger, mes cousines, ma grande sœur Gladys. En revanche, je commence à me poser des questions par rapport au test, je me prépare mentalement, impatiente de commencer et de démontrer que j'ai le niveau pour rester en Métropole malgré mon billet aller-retour. Le jour J, nous nous rendons au Lamentin, à l'aéroport Aimé-Césaire. Tout se passe comme prévu. Je vais au comptoir de la compagnie aérienne avec ma mère et ma tante, Laure, qui nous a accompagnées. Je dépose mon bagage, puis, je monte à l'étage pour passer la douane. L'heure de dire au revoir à ma maman et à ma tante arrive vite. Pour la première fois, je prends l'avion seule mais je suis sereine. Quand nous sommes jeunes, en Martinique, et que quelqu'un nous parle de « la Métropole, la France », même si nous sommes Français, nous imaginons les choses de manière démesurée parce que nous sommes à 8 000 km, à huit heures d'avion. Nous pensons donc découvrir quelque chose d'extraordinaire, nous nous attendons à un truc de fou. Et finalement, c'est plutôt comme si nous arrivions dans un autre pays.

Durant le vol, je m'occupe comme je peux. Je mange, je regarde un film, j'essaie de dormir un peu aussi. Je suis partie de la Martinique un vendredi en fin de journée et j'ai atterri à Orly le samedi matin. Mon tonton Roger est chargé de me récupérer. Dès que l'avion se pose, je lui envoie un message pour lui dire que je suis bien arrivée. Il m'attend déjà. Je ne connais pas bien les lieux alors je suis tout simplement le mouvement des gens. Avec mon chariot, je récupère ma valise et je sors rapidement rejoindre mon tonton. Il est 7h30, le jour se lève, tout est calme sur la route qui nous mène à Châtenay-Malabry dans les Hauts-de-Seine. Le trajet n'est pas long et dure environ 20 minutes. Une fois chez mon oncle, je découvre l'endroit où je vais dormir, je défais tranquillement ma valise puis nous partons manger avec mes cousines.

Le week-end passe vite. Le lundi matin, Tonton Roger charge ma valise dans la voiture et nous partons pour Clairefontaine, à près d'une heure de route. En arrivant, je suis immédiatement impressionnée par la taille des lieux, le nombre de terrains, la manière dont les arbres sont taillés. C'est tellement bien entretenu. Je me dis qu'en Martinique, nous n'avons pas tout cela. Les pelouses, ce sont des billards comme on dit dans le jargon du football. L'accueil se déroule simplement. On me demande mon nom, on vérifie que je suis bien sur la liste. On nous attribue ensuite nos chambres. Nous sommes trois dans une chambre composée d'un lit superposé et d'un lit simple. J'opte pour ce dernier. J'avoue que je ne me rappelle plus des filles avec lesquelles j'étais en chambre. Je m'installe une nouvelle fois, je défais encore ma valise avant de retourner dans la grande salle pour une réunion avec toutes les autres joueuses. Nous devons nous présenter, dire d'où nous venons. Puis, nous recevons le programme de la semaine.

Il faut savoir qu'il fait souvent plus froid au Centre National du Football de Clairefontaine, niché au coeur d'une forêt humide, qu'à Paris. Parfois, il peut y avoir 5 à 10 degrés de différence. Cela ne m'a pas empêchée de jouer au football, mais j'ai vraiment ressenti la différence de température avec les Antilles dès les premières séances. Dans l'avion j'avais un pull que ma mère m'avait acheté avant de partir, cela m'avait suffi mais pas pour le foot. En Martinique quand on joue au foot, on n'a évidemment pas besoin de sous-maillot, de pull, de gants, de bonnet... Il ne m'était même pas venu à l'idée d'en prendre. Lors des premiers tests, le lundi matin, j'ai froid aux mains et je ne parviens pas à me réchauffer. En fait, c'est très étrange car je vais découvrir durant cette semaine que le matin, il fait assez frais et que la température grimpe considérablement l'après-midi. En attendant, je n'ai ni gants, ni sous-maillot. Rien. Je ne dispose que des équipements qui nous ont été fournis à notre arrivée et qui ne suffisent pas à me réchauffer. Après les tests du matin, j'appelle immédiatement mon tonton. Je lui dis que j'ai trop froid et lui demande de m'apporter des gants et des t-shirts longs à mettre sous mon maillot. Comme il travaille, je dois patienter jusqu'au mercredi pour en bénéficier. Nous sommes en pleine opposition quand je le vois arriver. Avec mes gants gris, un t-shirt vert, je ne ressemble à rien, mais là, il ne s'agit pas d'avoir une dégaine, juste de se réchauffer un peu. Je n'ai rien dit à ma mère à propos de cet épisode. Elle finit par l'apprendre lors d'une interview que j'ai donnée à mon retour en Martinique, quelques mois plus tard. Je ne pouvais pas lui dire, elle aurait culpabilisé, elle n'avait pas mesuré l'impact du froid.

Au niveau de l'encadrement, Elisabeth Loisel, la sélectionneuse de l'équipe de France A, et Angélique Roujas nous supervisent. La discipline est assez stricte, il y a des des horaires pour tout : le lever, les repas, les entraînements, le coucher, et c'est normal. C'est un centre de formation, on ne peut pas faire n'importe quoi. Comme l'avait annoncé le programme, nous passons des tests de détente, de jongleries, pied droit, pied gauche, la tête. Je maîtrise tout cela car au Pôle, nous les travaillions déjà. Nous effectuons aussi beaucoup de jeux et également un test d'effort, le VAMEVAL, pour mesurer la VMA Vitesse Maximale Aérobie. L'endurance n'était pas trop ce sur quoi nous insistions au pays. Ce n'est donc pas mon point fort mais je ne m'en sors pas trop mal. Je ne suis évidemment pas là pour voir les passages de toutes les joueuses mais d'après mon ressenti, j'ai donné le meilleur de moi-même dans des conditions que je ne connaissais pas.

Lors de cette semaine, je rencontre et j'échange pour la première fois avec celle qui va devenir l'une de mes meilleures amies : Élodie Thomis. Elle est appelée avec les A, tout comme Laura Georges, aux côtés de laquelle je jouerais bientôt en défense centrale des Bleues. Thomis vient me voir lors de la pause déjeuner, me demande d'où je viens. Elle aussi est originaire de la Martinique et forcément, ça rapproche et ça me fait énormément plaisir. Thomis est heureuse pour moi, elle me conseille tout simplement de jouer mon football, de ne pas me prendre la tête. Elle promet aussi de venir me voir de temps en temps, ce qu'elle fera. Consciente de ma chance d'être là, je savoure. Pourtant, pour être retenue, il faut que j'explose tous les records car contrairement aux autres filles de Métropole, suivies tout au long de l'année, je viens de Martinique et je n'ai pas bénéficié de la même attention. À part le CTR, personne ne connaissait ni mon nom, ni l'équipe dans laquelle je jouais sur mon île. Selon moi, les personnes chargées du recrutement à Clairefontaine avaient déjà leur liste en tête. Si j'ai été en balance avec une fille, elle a forcément été choisie car les techniciens la connaissaient mieux. Moi, je viens des îles, je ne connais personne, je suis dans la découverte. Je me tiens un peu en retrait car j'aime observer, savoir à qui j'ai affaire. Et surtout, je garde mes objectifs en ligne de mire : réussir le concours d'entrée à Clairefontaine. Certaines joueuses se connaissent déjà car elles évoluent ensemble ou sont adversaires en championnat. Une bonne ambiance règne même si nous sommes en concurrence : sur 27 filles, seulement 12 seront retenues. Nous travaillons dans différents groupes, qui changent d'une séance à l'autre. Je ne suis pas là pour me faire des amies, mais tout se passe pour le mieux.

Le soir, après le repas, nous avons un temps libre. Fatiguées après nos longues journées, nous restons dans nos chambres à discuter. Dans la mienne, Charlotte, une attaquante, pleure tous les soirs. Présentée comme la future attaquante de l'équipe de France, tellement elle est forte, elle semble ne pas aimer Clairefontaine. Ses proches lui manquent et même si nous essayons de contacter nos familles, ce n'est pas évident car au milieu de cette grande forêt, le réseau est très faible. Et nous sommes presque trente filles à nous connecter sur le wifi. Quand mon tonton et ma sœur m'appellent, j'essaie de les rassurer à chaque fois car ils ont tendance à s'inquiéter. Dans la chambre, mes camarades n'ont pas toujours le moral, je les réconforte : « Vous ne vous rendez pas compte de la chance qu'on a d'être là. » Elles se posent déjà la question de savoir si elles vont être prises, ce qui n'a pas de sens à mes yeux : « Si vous n'êtes pas retenues, c'est comme ça, mais vous devez tout donner, on est en plein test, vous devez vous montrer. » Charlotte répète régulièrement qu'elle n'a rien à faire là, je la vois triste mais dans ma tête, je me dis : « J'ai fait 8 000 km pour être là, qu'est-ce que je devrais dire ? » J'essaie de la remotiver : « Tu es à

Clairefontaine, tu dois te donner les moyens d'y entrer. » Pour ma part, je vais vite savoir que mon destin n'est pas là, mais je garde un très bon souvenir de ces cinq jours, une expérience essentielle à vivre. Le vendredi, après le dernier entraînement, à l'occasion d'une ultime réunion, les techniciens nous expliquent que nous aurons les résultats durant le week-end en nous rendant sur un site internet pour voir si nous sommes admises ou pas. Quand mon tonton vient me chercher, je sais déjà que je ne suis pas prise. Je n'ai pas encore la réponse, mais au fond de moi, je sais. Je ne peux pas l'expliquer mais le comportement des recruteurs, différent d'une fille à l'autre, me met la puce à l'oreille. Toutefois, dès que j'arrive chez mon oncle, je vais vérifier toutes les deux heures si les résultats sont tombés. Ma cousine me propose d'aller faire un tour, je refuse, je ne veux même pas sortir. Je ne souhaite qu'une chose : connaître les résultats du test.

Ils arrivent finalement le dimanche. Et là, c'est la déception. La douche froide, même si je m'y attendais. Dans ces cas-là, on espère toujours que notre intuition ne sera pas la bonne. J'appelle tout d'abord ma mère pour lui dire que je ne suis pas reçue et que je vais devoir rentrer. Même si elle est sans doute contente de retrouver sa fille, elle est évidemment déçue pour moi, elle sait que ça me tient à cœur. Ma maman n'exprime pas ce qu'elle ressent, mais je la connais. Elle est triste car elle est consciente que je veux réussir dans le foot. Ensuite, je téléphone à Jocelyn Germé, le CTR, pour le remercier et lui annoncer la mauvaise nouvelle. Il est surpris : « Non, ce n'est pas possible. Qu'est-ce qu'il s'est passé ? » Je lui réponds : « Je ne pense pas avoir été plus nulle que les autres, j'ai fait mon maximum, mais je n'ai pas été prise. » Sur le coup, je suis dégoûtée, j'ai déçu les gens qui m'ont fait confiance. Je sais que Jocelyn Germé s'est battu pour moi, pour que j'entre au Pôle, pour me trouver un essai. Derrière, je me manque. J'aurais dû réussir. Jocelyn, lui, reste positif : « Ne bouge pas, j'ai un ami à Lyon. Ne t'inquiète pas, j'essaie de te trouver un autre essai. Tu ne peux pas rester comme ça, tu ne peux pas revenir au pays. » Je raccroche, abattue.

On va ensuite rendre visite à des amis de mon tonton, mais je ne suis pas de bonne humeur et je passe la journée à cogiter. Le dimanche soir, Jojo Germé me rappelle. Son ami lyonnais ira se renseigner dès le lundi auprès de l'entraîneur de l'Olympique Lyonnais, Farid Benstiti, pour voir s'il est possible que je fasse un essai.

L'ESSAI À LYON

En ce mardi matin du début du mois de mai 2006, nous sommes à la gare de Lyon avec mon tonton. Je m'apprête à prendre le TGV pour la première fois. Fred Labiche a convaincu Farid Benstiti de me prendre à l'essai et nous avons immédiatement acheté les billets de train pour Lyon. Les choses ont été très vite notamment parce que – je l'apprendrais plus tard – Fred est très réactif. Le dimanche, j'apprenais que je n'étais pas retenue à Clairefontaine, le lundi midi, Jojo Germé appelait Fred Labiche, l'après-midi, Farid demandait à Fred de m'emmener pour un essai et le mardi, j'étais à Lyon. « Tu descends bien à l'arrêt Part-Dieu », me répète mon oncle avant de me laisser seule. Pendant les deux heures de trajet, je dors un peu, je m'occupe comme je peux, pressée d'arriver. Avant de partir, Fred, que je n'avais jamais vu, m'a donné un repère afin que nous puissions nous retrouver dans cette immense gare : je dois l'attendre à côté d'un magasin de sport. À l'arrivée du train, je me rends au point de rendez-vous et… Fred est en retard. Je ne le sais pas encore, mais cela ne lui arrive jamais ! Je m'appuie sagement contre un poteau et je patiente. Il finit par arriver, avec vingt minutes de retard. « Bonjour. C'est toi Wendie Renard ? » Il me serre la main, me souhaite la bienvenue et me donne le programme. « Nous allons à la maison, Joan Hartock nous y attend. Nous allons manger et ensuite je t'emmènerai à l'entraînement. » Durant le trajet en voiture, nous commençons à échanger quelques banalités. Fred essaie de me mettre à l'aise. En arrivant, je suis ravie de rencontrer Joan, alors gardien de but de l'Olympique Lyonnais. Je lui lâche : « Au pôle, Jocelyn Germé et les coaches, Jean-Michel Misas et Charlène Marie-Jeanne, citaient ton nom en exemple. Je suis enchantée car on entend souvent parler de toi. » Nous sympathisons rapidement, ça se fait naturellement. Fred me montre la chambre dans laquelle je vais dormir puis nous passons à table. Après le repas, je me repose un petit moment puis nous partons pour l'entraînement. Le rendez-vous est fixé à 17 heures mais Fred souhaite que j'aie une petite marge. Joan me glisse un petit mot d'encouragement quand je franchis la porte : « Ne te mets pas la pression, joue ton football. »

Direction la Plaine de Jeux de Gerland où se trouvait à l'époque le centre d'entraînement de l'Olympique Lyonnais. Je ne connais évidemment pas cet endroit. J'ai entendu parler de Tola-Vologe, l'autre nom du centre d'entraînement, dans des reportages. Toutefois, je ne sais pas du tout à quoi m'attendre. Farid Benstiti, l'entraîneur, vient me saluer. Je découvre ensuite les filles. Cette année-là, il y a les Sandrine, Dusang et Brétigny, Aurélie Kaci, Cécile Locatelli, Shirley Cruz ou encore Simone Jatoba... Les joueuses arrivent petit à petit, je leur dis bonjour. Puis, comme je le fais toujours, j'observe et j'essaie de prendre mes repères.

Point positif : le soleil est là ! Il fait chaud, je me sens comme au pays. On s'entraîne en fin d'après-midi et il fait un temps magnifique, loin du côté sombre de Clairefontaine. La pelouse est magnifique, ça donne envie de se lancer, je suis dans mon élément. Comme me l'a conseillé Joan, je ne me pose pas de questions, je me lâche. Par moment, certains détails font la différence et ce petit rayon de soleil, le très bon accueil et, tout simplement, le feeling qui passe, font que je me sens immédiatement à l'aise. L'ambiance est aussi plus joyeuse qu'à Clairefontaine et cela me convient davantage. Au bout de trente minutes, Farid Benstiti est déjà séduit par mon profil comme me le révèlera bien plus tard mon conseiller et il souhaite me revoir le lendemain, mercredi, puis jeudi et vendredi. Après ces quatre jours où je me fonds bien dans le groupe, Farid veut que je participe à deux nouvelles séances, la semaine suivante. Le lundi est férié, Fred demande à ma sœur Gladys qui vit à Paris de venir passer ce long week-end à Lyon afin que je puisse profiter de la compagnie de quelqu'un de proche. Cela me fait du bien et c'est l'esprit léger que je termine mon essai avec l'Olympique Lyonnais avant de repartir à Paris avec Gladys.

Je n'ai pas passé de tests comme j'avais pu le faire à Clairefontaine. À Lyon, comme je l'ai dit précédemment, je suis intégrée à la vie du groupe et je prends part aux entraînements. Ce n'était pas prévu mais quand Fred m'a décrite à Farid en lui disant que j'avais 16 ans et que je mesurais déjà 1,83 m, le coach a tout de suite été intéressé. « Une défenseure centrale aussi grande, c'est rare. Oui je la veux ! », lui a répondu Farid. Lors de la première séance, il ne me parle pas beaucoup. Je pense qu'il m'observe surtout. Les filles, elles, m'encouragent. À l'issue de mon test, Fred sait que je suis prise mais il préfère ne rien me dire. Il en parle d'abord à ma mère, à qui il demande de garder le secret, et à Jocelyn Germé, le CTR. Fred finit par me dire que je suis prise. Quelle fierté ! Mais il anticipe déjà la suite. « Nous allons devoir rentrer en Martinique pour récupérer tes affaires, me dit celui qui va devenir mon conseiller. En revanche, une fois arrivée là-bas, je te demande de ne pas dire à trop de monde que tu es prise. Tu connais la méchanceté des gens. » Il me raconte alors l'anecdote d'un jeune gardien dont il s'occupait qui était très fort et devait signer au Paris-Saint-Germain. Fred lui a dit qu'il ne voulait pas qu'il dise quoi que ce soit car certaines personnes sont mal intentionnées. Le jeune joueur est rentré en Martinique. Il est allé passer du bon temps avec ses potes et il s'est tué à moto. « Si on te pose la question, tu dis que tu ne sais pas, que tu attends des réponses », m'avertit Fred, prudent. Il ne veut pas non plus que je joue au foot, mais je vais faire quelques swé quand même à mon retour au Prêcheur. On ne se refait pas...

Fin mai, après quelques jours dans ma famille, en région parisienne, je rentre seule en Martinique tandis que Fred peaufine les derniers détails avec l'OL concernant notamment l'école. Avant de me rejoindre sur l'île, il veut de solides garanties de la part du club. Une fois la saison de Joan terminée, ils me rejoignent. Fred doit faire la connaissance de ma mère avec laquelle il n'a échangé que par téléphone. Maman veut aussi savoir à qui elle laissera sa fille mineure. Le courant passe immédiatement entre eux et depuis ils s'entendent incroyablement bien. Maman s'excuse auprès de Fred car elle ne peut pas m'accompagner. Financièrement, elle n'en a pas les moyens. « Je compte sur toi pour faire tout ce qu'il faut pour la mettre à l'aise et l'accompagner du mieux possible », lui fait-elle promettre. Nous ne nous éternisons pas en Martinique. Je confie à ma famille proche ainsi qu'à quelques filles de l'équipe de football du Lorrain que je suis prise à l'Olympique Lyonnais. Avant de partir, j'organise une petite fête près de chez Mamie durant laquelle je demande aux invités de garder la nouvelle pour eux. Avant de prendre l'avion, fin juin, quelques filles du foot, Viviane, Micheline et Kelly, me font la surprise de débarquer à l'aéroport pour me dire au revoir. Elles avaient contacté ma mère pour savoir l'heure de mon vol. Les voir là me remplit d'émotion d'autant que nous avons vécu des moments très forts avec le RC Lorrain. Aujourd'hui encore, elles font partie de mes meilleures amies.

Je repars donc avec Joan et Fred. Ce dernier s'est entendu avec Farid Benstiti, qui me trouve trop jeune, pour que je reprenne avec l'équipe première. Mon conseiller, qui sait se montrer très persuasif, a insisté, lui a expliqué que cela me permettrait d'avoir le rythme. Il a aussi un peu bluffé. C'est ainsi que je me retrouve en stage avec les filles au Mont Ventoux, dans le Vaucluse. Fred savait qu'en partant en stage avec les filles, les joueuses mais aussi le staff apprendraient à mieux me connaître. Et, que de mon côté, je m'habituerais aux filles augmentant mes chances de jouer avec l'équipe première.

À la rentrée scolaire suivante, j'intègre l'internat car je dois poursuivre mon lycée. La semaine, je dors au Lycée Robert Doisneau à Villeurbanne et j'étudie au lycée Frédéric Fays, avec des journées rythmées par les cours et les entraînements. Dans ce domaine-là, l'Olympique Lyonnais est parfaitement organisé avec des conventions avec les établissements scolaires et un car qui s'occupe de nous emmener au lycée. Je me fais aussi des copines même si ce n'est pas mon but premier. Comme toujours avec moi, les choses se font naturellement. Je ne suis pas quelqu'un qui va arriver et dire : « Salut, on peut devenir amies ? » Comme je l'ai dit précédemment, je suis plutôt dans l'observation. Si le courant passe bien, j'accroche. J'ai eu de la chance car à l'internat, j'étais avec une Réunionnaise qui venait d'arriver, Océane Caïrati. Nous avions à peu près le même âge et nous nous comprenions sur la manière de faire, de vivre. Nous discutions beaucoup. Océane est restée à Lyon jusqu'en 2010. Comme moi, elle évoluait au poste de défenseure centrale, elle était aussi grande et fine. Du coup, les gens nous demandaient souvent en plaisantant : « Vous mangez quoi dans les îles ? »

Grâce à MSN, j'avais gardé le contact avec Élodie Thomis, que j'avais rencontrée à Clairefontaine lors de mon essai. Quand elle a signé à Lyon, un an après mon arrivée, j'étais super heureuse. Je le savais un petit peu avant car elle m'avait prévenue. Avec « Mamie », comme je la surnomme affectueusement, le courant est passé naturellement. Au même moment, Louisa Necib que je ne connaissais pas s'est engagée avec l'OL. Comme elle était proche de Thomis, nous nous sommes aussi rapprochées et aujourd'hui, elles font partie de mes meilleures amies. Même si elles ont mis un terme à leur carrière, dès que nous le pouvons, nous nous voyons et surtout nous n'avons jamais rompu le contact.

Au niveau du football, je sens immédiatement que je suis entrée dans un club professionnel en intégrant l'Olympique Lyonnais. Même au début quand j'évolue avec les jeunes, je sens que j'ai changé de dimension. Tout est carré. À l'entraînement, le matériel est déjà préparé, nous faisons beaucoup de répétitions de gammes : passes courtes, passes longues, contrôles, conduites de balle… Les entraîneurs sont pointilleux sur tout, c'est très intense. Nous effectuons du travail physique, du gainage, de la coordination, des choses que nous faisions rarement au pays ou alors seulement programmés en début de préparation en Martinique et il était rare qu'on en réalise pendant l'année. Je vois vraiment une suite logique dans les exercices, toujours avec des thèmes, c'est une excellente période pour moi. En 2006, cela fait deux ans que l'Olympique Lyonnais a absorbé les droits sportifs du FC Lyon, un club qui avait été champion de France à quatre reprises (1991,1993, 1995 et 1998). En 2005, l'OL avait recruté des Américaines réputées dont la gardienne de but Hope Solo, avec déjà cette idée de construire une équipe très forte. Mais, malheureusement, tous les éléments n'étaient pas encore réunis et les Américaines étaient reparties assez vite. Les dirigeants lyonnais se sont alors posé les bonnes questions avant de relancer le projet et Fred me dit souvent que je suis arrivée au bon moment. Quand le président Jean-Michel Aulas a un projet, il met tout en œuvre pour qu'il se réalise. Il voulait une section féminine performante, il a mis les moyens. Et treize ans après mon arrivée, nous possédons l'une des meilleures équipes au monde, si ce n'est la meilleure.

Après mon essai réussi à Lyon, je suis rapidement revenue à Clairefontaine, avec bonheur, lorsque j'ai été rappelée pour jouer avec l'équipe de France des moins de 19 ans, dirigée par Stéphane Pilard, un an plus tard. Une immense fierté d'être de nouveau dans cet endroit mythique du football français. En y retournant, je ne ressens aucun sentiment de revanche, je pense simplement : « Ils ne m'ont pas prise à Clairefontaine, mais je suis à l'Olympique Lyonnais. » Cette convocation démontre que je n'étais pas si nulle que ça et que j'avais des qualités. C'est une belle réponse de détermination. Je ne pensais pas retourner aussi vite à Clairefontaine. J'imaginais que j'allais rentrer au pays, refaire un an au Pôle puis revenir faire un essai. Finalement, je n'ai pas réussi à passer par la porte mais je suis entrée par la fenêtre.

TÉMOIGNAGE

FRED LABICHE

le conseiller de Wendie

Je ne suis jamais en retard. Je suis même toujours en avance à mes rendez-vous. Pourtant, le jour où je dois rencontrer Wendie pour la première fois, j'arrive à la gare avec vingt minutes de retard. Elle n'a pas de portable, je ne l'ai jamais vue. J'arrive au point de rendez-vous et je vois une fille, seule, adossée à un poteau. Je m'approche, je dis : « Wendie Renard ? » Elle me répond simplement : « Oui. » Elle n'a même pas encore 16 ans. Nous faisons un passage par la maison pour qu'elle puisse manger et se reposer puis nous nous rendons au centre d'entraînement pour son essai avec l'Olympique Lyonnais. Après les trente premières minutes de Wendie sur le terrain, Farid Benstiti me dit : « Je la garde. » Moi je découvre Wendie : elle est hyper technique, à l'aise. Elle n'a pas froid aux yeux. Elle est entourée de joueuses qui ont plus d'expérience et je la vois meilleure techniquement.

Tout va très vite pour elle au début. Elle s'entraîne et joue avec les jeunes lors des premiers mois. Elle était clairement au-dessus. Elle monte rapidement avec les seniors et ne redescendra plus jamais. Wendie apprend vite. Je me souviens d'un match contre Umea en demi-finale de la Ligue des champions. Elle est face à Marta, la Brésilienne, l'une des plus grandes joueuses au monde. Wendie essaie de protéger le ballon pour qu'il puisse sortir en touche mais Marta, maligne comme elle est, passe son pied entre ses jambes, récupère le ballon et va faire une passe décisive. Farid Benstiti sort Wendie cinq minutes plus tard. Elle casse tout dans les vestiaires. Mais Wendie est intelligente et ne fait pas deux fois la même erreur. Cette bêtise lui a fait gagner deux ou trois ans.
Ne pas être prise à Clairefontaine a été une chance pour Wendie. Cette fille a un destin. Elle arrive à Lyon l'année où Jean-Michel Aulas décide de consentir de gros investissements pour sa section féminine. Combien de présidents de club ont mis en place la politique de Jean-Michel Aulas ? Si elle est retenue à Clairefontaine, peut-être qu'elle ne me rencontre jamais ? Et du coup, elle ne vient pas à Lyon. Son échec, c'est sa chance. Au début, elle me disait : « Mon père t'a mis sur mon chemin. » Elle a

peut-être raison. Lors de la dernière cérémonie de The Brest, organisée par la FIFA, j'ai dit à Jean-Michel Aulas qu'il forme, avec Wendie, le plus beau couple du football féminin. S'il n'avait pas investi et donné sa chance à Wendie, elle n'en serait pas là. Si Wendie n'avait pas mis tout ce qu'elle avait au service de l'Olympique Lyonnais, peut-être que le club n'en serait pas là non plus. Vous prenez une fille à 16 ans, elle en a 29, elle gagne tout avec vous. Votre premier titre c'est elle. Elle a un président qui lui fait gagner 28 titres.
Chaque année, l'Olympique Lyonnais prend des filles de grand talent. Au début, Lyon prend aussi une défenseure centrale chaque année. Je travaille avec Wendie, je lui dis qu'elle est la meilleure, qu'elle ne doit pas douter. On la bouge, elle n'est pas toujours titulaire, elle joue arrière droit, arrière gauche. Mais elle répond toujours présente.
Joan Hartock a beaucoup compté dans son parcours. Il accepte déjà que Wendie vienne à la maison. Il est protecteur, joue un rôle de grand frère. À l'époque, je suis le conseiller de Joan. Je deviens celui de Wendie. Notre relation est essentiellement basée sur la confiance. Wendie est une joueuse de football, technique, intelligente, dure avec elle-même. Il y a une rigueur : pas d'alcool, pas de cigarette. Une petite sortie de temps en temps. Elle se dit que son corps est son outil de travail et qu'elle doit le protéger.
Elle ne se laisse pas marcher sur les pieds : un jour, elle se prend la tête avec Sonia Bompastor. Cette dernière vient me voir et me dit

après un entraînement à la Plaine de Gerland : « Fred, la fille que tu as amenée, elle a mauvais caractère. » Je réponds, du tac au tac : « Non, elle n'a pas mauvais caractère, elle a du caractère. »
Patrice Lair me dit un jour : « Fred, quand Sonia arrêtera, Wendie sera ma nouvelle capitaine. » Patrice a décelé tout de suite cette âme de leader naturel. Wendie est humble. Elle n'a pas besoin de beaucoup parler. Elle fait son job. Elle fait passer l'équipe en premier. Parfois, je lui dis qu'elle doit être plus égoïste. Elle n'est pas d'accord : « C'est d'abord l'équipe et moi après. » C'est une belle personne.
En revanche, si elle ne sent pas une personne, elle ne lui accorde pas sa confiance. Quand on doit nouer un partenariat, j'amène Wendie. Et là c'est moi qui observe. Si ça ne passe pas, on laisse tomber. Ce n'est pas une question d'argent. Elle marche beaucoup à la confiance.
Depuis treize ans et le début de sa carrière, tous ses entraîneurs et sélectionneurs l'ont appréciée. Tous sauf une. Et je dois dire que je ne comprends pas pourquoi. Ok, on lui enlève le brassard. Pas de problème, ce n'est qu'un bout de tissu et elle n'est pas née avec. Pourquoi en rajouter derrière ?
Ce petit tremblement de terre, nous l'avons géré à deux. On a choisi de ne pas répondre dans la presse. J'ai également dit à ses proches et à sa famille de ne pas répondre sur les réseaux sociaux. Wendie Renard défend le maillot de son pays. Et puisqu'elle

défend le maillot de son pays, on évite toute polémique. Tout ce qu'on veut, c'est que l'équipe de France gagne.
Elle n'a pas dominé le sujet lors de la Coupe du monde. Pour être bien, il faut que le mental suive. Wendie n'était pas totalement en confiance. Elle aime son pays, le maillot, elle le défend bec et ongles. Elle ne triche pas. C'est une des filles les plus régulières depuis qu'elle joue au foot. Elle a eu des creux, mais jamais de gros creux. Depuis 2009, je l'ai rarement vue rater un match. Je l'ai vue moins dominatrice, mais rater un match entier, je ne m'en souviens pas. Même quand elle a marqué un but contre son camp en Coupe du monde, contre la Norvège, elle n'est pas sortie de son match.
Si l'entourage est mauvais, aucun sportif de haut niveau ne peut réussir. Pendant les quatre premières années, je l'ai aidée, je l'accompagnais durant ses interviews. Je voulais entendre, regarder, écouter pour mieux la conseiller, l'aider à s'améliorer. Aujourd'hui, elle n'a pas besoin de moi. Sportivement, elle a prouvé qu'elle était l'une des meilleures au monde. Au niveau du palmarès, Wendie Renard est la plus grande joueuse française.

TÉMOIGNAGE

JOAN HARTOCK

ami de Wendie, ancien joueur de l'OL

Quand Fred m'a demandé si on pouvait accueillir une fille à la maison pour un essai, j'ai dit banco ! Si ça pouvait aider, j'étais partant. Elle pouvait dormir à la maison, il y avait de la place. Je n'ai pas réfléchi, ça s'est fait naturellement et jusqu'à maintenant, je ne regrette rien.

Au début, Wendie était sur la réserve, mais c'est normal. Elle arrivait de la Martinique, elle ne nous connaissait pas. J'ai essayé de la mettre à l'aise. Ce qui nous a aidés, c'est que nous sommes tous les deux passés par le Pôle du François. Nous avions des points en commun. « Est-ce que toi aussi c'est Jojo Germé (le CTR) qui t'a fait venir ? » « Est-ce que ce bâtiment est toujours identique ? » Nous nous racontions des petites anecdotes. Cela a contribué à nous rapprocher. Elle venait souvent à mes entraînements, moi aussi j'allais aux siens ainsi qu'à ses matches. Elle s'est vite sentie plus à l'aise. À l'époque, j'évoluais avec l'équipe professionnelle de l'Olympique Lyonnais. Les copains passaient souvent à la maison. Ils l'embêtaient – gentiment – un petit peu. Ils essayaient de la décontracter, lui donnaient des conseils. Sa famille lui manquait forcément et nous avons réussi à recréer une sorte de petite communauté qui venait de la même île.

Wendie arrivait dans un monde assez différent de ce qu'elle avait connu, comme moi quelques années auparavant. Nous devions créer de nouveaux liens avec de nouvelles personnes. Nous faisions beaucoup de choses ensemble, il n'y avait pas que le foot. Je voulais lui changer les idées, afin qu'elle ne soit pas focalisée sur le foot 24 heures sur 24. Il fallait un peu avoir des hobbies : des sorties au cinéma, au restaurant. On faisait aussi des promenades dans la ville pour essayer de mieux comprendre la vie en France.

Wendie ne triche pas. Le matin, quand ça va, on le voit sur son visage. Quand ça ne va pas, on le voit aussi. Dans ces cas-là, il faut la laisser gérer et quand elle a envie d'en parler, elle vient d'elle-même. Au premier abord, on a l'impression qu'elle peut être distante. Mais en la connaissant, on se rend compte qu'elle est chaleureuse, souriante. Elle aime beaucoup déconner mais il ne faut pas la trahir. Je l'adore, je la considère comme ma sœur.

Je l'ai toujours eue dans mon cœur. Même si je suis un peu loin, je continue de regarder ses résultats, je la chambre même des fois. J'essaye de détendre l'atmosphère, elle sait que je la soutiens quoi qu'elle fasse.
Je suis admiratif de son parcours. À son arrivée, elle était toute timide, toute réservée. Elle est devenue capitaine à l'Olympique Lyonnais, puis en équipe de France, c'est la tête de gondole des deux équipes. Ce n'est pas rien. Il y a quelques années, on n'aurait pas imaginé que le foot féminin puisse être aussi médiatisé. Wendie est mise en avant, elle est encore nommée pour le Ballon d'Or. Je sais qu'elle a le potentiel pour aller encore plus haut. Elle a déjà beaucoup progressé dans son jeu dans la surface, les relances, dans son jeu offensif, les coups de pied arrêtés. Je suis convaincu qu'elle peut encore évoluer et se surpasser.
On ne se voit plus aussi souvent qu'avant mais on s'envoie des messages. Je la suis sur les réseaux sociaux, je regarde ses matches, ses résultats. Généralement, j'envoie un petit message pour savoir comment ça s'est passé. J'aime bien la taquiner mais aussi qu'elle sache que je suis toujours derrière elle. Je suis super fier et ému d'avoir participé à ça, qu'elle soit arrivée chez moi, qu'elle soit restée. Wendie ne se laisse pas faire, elle a un gros caractère mais elle reste aussi dans le cœur. On a envie de la protéger.
J'ai envie de lui dire que je lui envoie beaucoup d'amour et beaucoup de force. Qu'elle continue sur ce chemin-là. Même si je ne

suis pas à côté d'elle, je pense souvent à elle. J'ai beaucoup d'amour pour elle. Je lui souhaite d'aller le plus loin possible en équipe de France, qu'elle casse tout et qu'elle chope ce Ballon d'Or !

MON PREMIER CONTRAT AVEC LE PRÉSIDENT AULAS

Sur le terrain, dans les vestiaires, je me sens capable de tout maîtriser, mes performances comme mes émotions, comme si j'avais toujours été programmée pour devenir footballeuse professionnelle. Pourtant, ce jour de juillet 2009, je tremble, mon cœur bat à 10 000 : j'ai rendez-vous avec le président Jean-Michel Aulas à Gerland, dans son bureau. Ma première séance d'entraînement avec le groupe professionnel trois ans plus tôt, mon premier match en Coupe de France puis en championnat ne m'avaient pas procuré autant de stress car, même si je fais des erreurs, le terrain, c'est mon domaine. Alors que le président… Je le voyais à la télévision en Martinique et si je le côtoyais depuis plusieurs saisons, on n'avait jamais vraiment eu l'occasion de parler, à part quelques mots lors des photos de groupe en début de saison. Cette fois, c'est un moment particulier : je viens signer mon contrat pro, le premier. Assise en face de lui, j'ignore ce qu'il va me dire et je me demande : « Qu'est-ce qu'il se passe ? » Ma vie change mais je ne réalise pas non plus, sous la pression de décevoir mes proches, les personnes qui m'ont fait confiance depuis le début, qui me soutiennent au quotidien, Fred, Joan, ma maman, Jocelyn… Et puis c'est quand même un contrat de trois ans ! Je suis timide, je vouvoie le président et je ne sais pas quoi lui dire. Pour ce jour particulier, je ne savais même pas comment m'habiller : je ne pouvais pas venir en survêtement, ni en tailleur, ce n'était pas un mariage, alors j'avais opté pour une tenue simple, un pantalon et une chemise pour être présentable. C'est amusant quand j'y repense, j'avais fait attention à tout. Directement, le président me lance : « Alors, tu pensais partir ? » C'est vrai, j'avais voulu quitter Lyon au début. Avant de signer mon contrat pro, on avait une stratégie avec Fred, un plan de carrière. À l'époque, les États-Unis avaient le meilleur championnat de football féminin et nous voulions y aller en passant, dans un premier temps par l'université de Moncton au Canada, afin, ensuite, d'être draftée par des clubs américains. À Moncton, j'avais visité le lycée, rencontré le directeur, les dirigeants, j'étais même allée voir la maison où j'allais vivre, une bâtisse avec de petites pièces, un peu tristes, sans chaleur. On avait réalisé une photo où je posais avec le maillot de l'université, tout était ok, c'était fou ! Ce maillot se trouve toujours chez moi, en souvenir. Sylvain Rastello, un Français basé à Moncton, m'avait fait part du projet de cette université réputée et m'avait convaincue car je pouvais poursuivre en parallèle mes études. Au coeur de cet établissement, en quelques jours, la mentalité m'était apparue différente de la France, tout était fait pour vous mettre dans les meilleures conditions. J'y avais rencontré de belles personnes, c'était ce que je recherchais. À l'époque, le nouveau terrain synthétique était en construction, celui sur lequel on allait jouer quelques années plus tard avec l'équipe de France lors de la Coupe du monde 2015. Cela m'a fait bizarre d'y retourner six ans après.

En rentrant à Lyon, je préviens le club par courtoisie que je vais m'engager avec cette université, Fred annonce mon départ pour Moncton au président Aulas, lui indique que tout est signé même si rien n'était officiel. Sur le coup, le président n'est pas content. Lors du mariage de son neveu Nicolas Quinault, qui était aussi notre préparateur physique, et auquel participait également Fred (un 4 juillet, je me souviens de la date car c'était le mariage de ma soeur le même jour), le président a « attrapé » Fred plusieurs fois dans la soirée pour lui dire son mécontentement, qu'il fallait qu'on se voie, qu'il voulait me garder absolument. Le lendemain, Fred rencontrait Marino Faccioli, le numéro deux du club à l'époque, et lui exposait de nouveau mon projet d'exil au Canada puis aux États-Unis mais la réponse fut claire : « Non, je veux qu'elle reste ! » Ma carrière s'est jouée à l'occasion d'un mariage ! Avec Fred, en allant au Canada, il n'y avait pas de stratégie de mettre la pression sur l'OL, honnêtement. Le football féminin en France n'était pas du tout développé et le meilleur championnat à l'époque se trouvait aux États-Unis. En Europe et à Lyon, on commençait à peine à disputer les tours préliminaires de la Ligue des champions, on n'était pas l'OL d'aujourd'hui, on était encore en construction. En rejoignant les États-Unis, l'idée était de me faire connaître sur le plan mondial, et ce qui a fait pencher la balance c'est lorsque Jean-Michel Aulas m'a annoncé que le football féminin en France passait semi-pro. Le jour où j'ai signé mon contrat, il a dit : « Les meilleures doivent être à l'OL, tu en fais partie. »

Un discours qui met en confiance même si ma timidité m'a fait sortir cette phrase banale à cette occasion : « Ok président, pas de problème. » Ses propos étaient emplis de sincérité et comme je marche à l'affect, au feeling et au respect, ils m'ont touchée. Il n'a pas eu ce discours pour me garder ou me faire plaisir, il voulait vraiment que je m'impose dans son club. Preuve de son intérêt pour les joueuses et moi en particulier, il m'avouera, plus tard, qu'il me voyait courir le long du quai Joseph-Gillet depuis son bureau de la CEGID, de l'autre côté de la Saône… Il pensait vraiment que l'avenir était devant moi, que je devais continuer à travailler comme ça. En résumé que je ne devais pas déconner. Et la suite lui a donné raison, à moi aussi, puisque le championnat américain a rencontré des difficultés, a été suspendu pendant quelques mois alors qu'au même moment le foot français et européen, sous l'impulsion de Lyon et des clubs allemands, a émergé.

Je me rends compte aujourd'hui que mon histoire est vraiment liée à l'OL car j'ai failli quitter le club à deux reprises, en 2009 donc puis en 2017 lorsque Chelsea me voulait. Tout était calé avec le club londonien mais à chaque fois quelque chose modifie mes plans et fait basculer le dossier dans le sens de Lyon. Je suis très croyante et à mes yeux rien ne se passe par hasard : le bon Dieu ne voulait pas que je parte de Lyon. J'étais quand même un peu mal vis-à-vis de l'Université de Moncton car j'avais donné ma parole aux dirigeants, ils avaient fait le maximum pour que l'intégration se déroule bien. Joan Hartock aussi devait intégrer un club là-bas, j'avais tout pour m'épanouir personnellement et bien sûr sur le plan sportif mais c'est à Lyon que je devais vivre ma destinée, c'était écrit, presque dès le début.

À mon arrivée dans la région lyonnaise en 2006, après mon échec à Clairefontaine, je n'évolue logiquement pas avec les pros car je suis jeune, inexpérimentée et je découvre un autre milieu. Mais, dès novembre, trois mois après mes premiers pas avec le sport-études de Lyon, j'intègre peu à peu les séances d'entraînement du groupe dirigé par Farid Benstiti. Sans disputer les rencontres, car le président Aulas qui voulait frapper un grand coup cette saison-là avait signé beaucoup de joueuses et le règlement limitait à trois le nombre de recrues sur la feuille de match. Le week-end, je reste donc en marge d'un groupe professionnel composé de grandes joueuses dont Camille (Abily), Sonia (Bompastor), Laure (Lepailleur) et Hoda (Lattaf), puis Shirley (Cruz) qui arrive en janvier et que je finis par découvrir aux entraînements. Jusque-là, j'évoluais au Pôle sous la houlette de Cécile Locatelli la semaine, le week-end avec Vincent Yé. J'attendais tellement de rencontrer le groupe professionnel, je m'étais tellement préparée mentalement, que la veille du premier entraînement, j'ai bien dormi, j'ai même hâte d'être au lendemain, de connaître le contenu de la séance, quel type d'exercice on va travailler. Malgré l'enjeu, j'ai accueilli l'événement sereinement, zen, avec l'idée de prendre du plaisir. De progresser au quotidien au contact de grandes joueuses comme la Brésilienne Katia ou Hoda, une internationale française, d'apprendre de la niaque et de la rage de vaincre d'une fille comme Sonia Bompastor. Dans la journée, au lycée, j'appréhende quand même un peu ce qui m'attend, le contexte et mon accueil, et à la récréation, je ne parle que de ça avec un ami basketteur : « Ce soir j'ai entraînement avec l'équipe première, j'espère que cela va bien se passer. » Je suis dans l'excitation, je veux savoir si je suis apte et digne de ce niveau mais sans stress ni doute. Une fois sur place, on n'a pas de vestiaire dédié, on arrive avec nos sacs chaque jour, on repart avec, un peu comme des amateurs que nous étions finalement. Comme à chaque fois que je débarque dans un endroit que je ne connais pas, j'attends, j'observe, je ne veux pas prendre la place habituelle d'une fille mais comme c'était grand, je me suis assise dans un coin au hasard et il n'y a jamais eu de problème, sur et en dehors du terrain avec les autres joueuses. Pendant trois mois, j'ai alterné ainsi les séances avec les seniors et les U19 puis, un soir, Farid, l'entraîneur de l'équipe première, est venu me voir lui-même à la fin d'un entraînement avec ma catégorie d'âge. Il faisait nuit, je sortais du vestiaire, les cheveux encore mouillés par la douche et je le revois discuter avec Fred près du terrain numéro 10 de la Plaine de Jeux de Gerland, étonnée de sa présence tardive. Il m'explique tout de suite qu'il y a un problème, qu'il a reçu un courrier du lycée. L'internat avait un règlement précis, avec des horaires d'ouverture et de fermeture, d'étude et de restauration scolaire et quand j'allais m'entraîner avec Farid le soir, je rentrais trop tard pour respecter le cadre de l'établissement. Les responsables nous mettaient un ultimatum, on ne pouvait plus continuer ainsi alors Farid a proposé une solution. Que je vive dans la maison de Fred et Joan : « Je te veux dans mon groupe, tu ne peux plus aller à l'internat. » En fait, j'ai rejoint définitivement les pros grâce à l'internat ! Fred était mon tuteur, on a réfléchi avec Joan et tous les deux ont été d'accord pour m'accueillir chez eux, ce qui m'a permis de vivre mon rêve, bouleversant, au passage, mon quotidien. Avec ce déménagement, je dois me rendre à l'école en métro et, tous les soirs, prendre la direction de l'entraînement avant de rentrer dans le 4e arrondissement de Lyon où habite Joan. Je dois traverser un petit pont qui enjambe la Saône pour rejoindre ma station de métro et, en plein hiver, je me dis tous les jours : « Woaaaa, il fait froid ! » Je ne suis vraiment pas habituée à des températures aussi basses. L'organisation est un peu plus galère, mais c'est une bonne galère car en intégrant définitivement le groupe professionnel, je me suis même dit : « Enfin ! » Mais Fred était encore plus heureux que moi, toujours un peu sur la réserve à l'époque. Au début, quand je ne connais pas trop, je ne me lâche pas, je ne montre pas ce que je ressens tout de suite. Avec les années, je me libère, je me sens mieux mais sur le coup, la décision de Farid de m'incorporer dans l'équipe première m'a surprise. Tout allait tellement vite depuis mon arrivée quelques semaines plus tôt ! Mais, avec le recul, oui, je trouve ça mérité, car je n'ai jamais lâché, mon entourage non plus, j'étais très à l'écoute, je voulais m'entraîner avec les meilleures pour progresser, pour m'étalonner. Dans le vestiaire, je ne parlais pas beaucoup, j'étais plus dans mon élément sur le terrain, j'étais moi. Je faisais juste attention aux mots utilisés, à mes gestes, Fred me le rappelait tous les jours mais les filles n'ont même pas eu besoin de me reprendre car le respect est ancré en moi, c'est une question d'éducation. En revanche, j'ai mon caractère, ma mère m'a toujours élevée avec l'idée que le respect se fait dans les deux sens. Dès que j'avais un truc à dire, je n'hésitais pas. Bon, au début, les autres filles m'ont un peu chambrée parce que j'étais grande, fine et que j'avais un accent encore plus créole qu'aujourd'hui ! Les piques n'étaient jamais méchantes mais quand vous êtes jeune, que vous ne connaissez pas les gens, vous pouvez être un peu vexée. Mais j'ai avancé, poursuivi ma route et j'ai écarté tous les facteurs négatifs pour me concentrer sur ce que les joueuses pouvaient m'apporter. Jusque-là, je les voyais tous les jours, je les croisais à Gerland, je suivais leurs résultats, il n'y avait que de grands noms, je voulais les observer au plus près pour apprendre d'elles. Pointilleuse dans ma préparation, durant mes périodes de repos hors entraînement, je travaillais tout le temps. Dans ma tête, j'étais heureuse de franchir une étape mais je ne le montrais pas car je n'étais pas encore arrivée. Mon objectif n'était pas de rejoindre le groupe professionnel mais de jouer en équipe première et, comme toute débutante, j'ai commis beaucoup d'erreurs dont j'ai appris. Au début, ce n'était pas facile puis je suis montée en pression.

Au fil des jours, le feeling est passé avec Farid. Quand c'était bien, il me le disait, quand c'était nul aussi. Mais il m'a toujours mise à l'aise, avec un discours simple : « Tu as des qualités, joue, ne te pose pas de questions. Tu dois aller plus vite dans tes enchaînements, contrôle-passe… Tu dois franchir des paliers dans la concentration, la régularité. » Il m'a plus encouragée que descendue, il m'a parlé comme si j'étais sa fille, juste quand il fallait, dur parfois et comme on a une éducation un peu similaire, au niveau des origines, on s'est rapidement compris. Tout de suite, je me suis sentie bien dans le groupe mais j'ai constaté une grande différence avec les U19, au niveau de la vitesse, de la puissance, de la technique et du vice, tout est beaucoup plus juste avec des joueuses qui évoluent en D1 depuis des années, des internationales françaises ou étrangères. De mon côté, j'ai assimilé la puissance avec les séances de musculation de Nicolas Quinault. Puis est venu le premier match, une rencontre de Coupe de France je crois, contre Mâcon. Cela aurait dû me marquer et pourtant, je n'en garde qu'un vague souvenir : c'était en février 2007, il faisait très froid, le terrain était boueux et j'étais titulaire en défense centrale ! On a gagné assez facilement (8-1) et je n'ai pas eu le temps de stresser car toute la semaine on avait travaillé tactiquement avec l'idée que je débute la rencontre en raison de la blessure de Laure (Lepailleur). Lors de votre premier match, vous avez envie de bien faire, vous n'avez pas envie de vous louper. Stressée ? C'est un bien grand mot, mais j'appréhendais un peu. Les filles avaient eu un petit mot pour moi, mais pas plus que ça : elles m'avaient dit de jouer simple. Farid m'a laissé par la suite mûrir sur le banc, j'ai effectué quelques apparitions en fonction des besoins de l'équipe, des absences et des licences des recrues, le temps que j'apprenne encore des joueuses plus expérimentées, plus en avance que moi. La première saison, je n'ai pas eu l'occasion de beaucoup m'exprimer, j'étais encore en apprentissage, la seconde a été beaucoup plus riche sur le plan des statistiques personnelles, puisque j'ai enchaîné les matches. Mon potentiel laissait présager un bel avenir, mais on voyait aussi que je n'avais pas l'expérience du haut niveau car j'ai commis des erreurs, par moments sans gravité, parfois avec des conséquences plus graves sur les résultats. Mais toutes ces erreurs m'ont permis de gagner en maturité et en expérience d'autant plus que je revoyais mes matches en compagnie de Fred et de Joan afin de progresser encore. Les années passant, je me suis sentie de mieux en mieux. Le contrat n'est arrivé que longtemps après, trois saisons exactement après mon arrivée à Lyon. Cela ne me dérangeait pas, je le vivais bien car pour moi ce qui comptait c'était le terrain, c'était déjà une chance d'être à l'OL qui, de toute façon, ne permettait pas de vivre exclusivement du football à cette période. Certaines joueuses avaient un job à la boutique du club et s'entraînaient le soir mais il n'y avait pas de contrat comme aujourd'hui. Personnellement, ma situation financière était compliquée. Si ma mère m'aidait comme elle le pouvait, elle n'avait pas les reins assez solides. Ma chance a été d'avoir Joan et Fred à mes côtés car la première année je n'avais aucun revenu et il a fallu attendre la deuxième et la troisième années pour obtenir cent euros de prime en cas de victoire !

Je ne manquais de rien mais quand vous êtes une jeune fille, vous avez besoin de faire votre petite vie. Si j'avais envie de m'acheter un fast food, d'aller faire des courses à Carrefour pour m'acheter une doudoune, soit ma carte passait, soit c'était la honte et c'est Fred qui payait à la fin. Un jour, avant d'avoir mon contrat et un salaire fixe, je vais chez Zara avec Fred, je choisis des habits et au moment de passer à la caisse, ma carte ne fonctionne pas. J'avais pourtant de l'argent sur mon compte. Devant la caissière, Fred me dit : « Comment ? Tu le fais exprès, tu ne veux jamais payer… c'est toujours moi ! » La dame me regarde, un peu mal à l'aise et Fred se met à rigoler et lui dit : « Non madame je rigole… c'est pour l'embêter. » Sauf que moi, j'ai eu honte à ce moment-là, cela m'a rappelé que Joan et Fred étaient toujours là pour moi, et que je ne pouvais rien leur donner en retour.

Lorsque j'ai dû acheter des produits intimes, j'ai demandé de l'argent à d'autres personnes et c'était une souffrance pour moi, une gêne et je ne pouvais pas le dire à ma mère car cela l'aurait affectée. Quand on s'appelait, je lui mentais, je lui racontais que tout allait bien alors que j'étais aidée par des « étrangers », dans le sens où ils n'étaient pas des membres de ma famille. Le contrat a tout changé, je devenais une jeune fille libre et indépendante même si mon but premier était de réussir ici, en Métropole, avec le maillot de l'Olympique Lyonnais. En le signant, je savais que je partais sur un projet de trois ans, que j'avais l'opportunité de m'asseoir et de me dire : « La première année, je vais mettre ça en place, la deuxième année, je vais viser ça… » Ce sont les projections de ce type qui permettent d'évoluer, de grandir et de garder une ligne de conduite pour aller le plus haut possible. En sortant du bureau du président, j'ai dit « ouf, c'est fini » car j'avais peur de faire une gaffe devant Monsieur Aulas que j'assimilais au président de la République ! Heureuse de démarrer une autre vie, quelque chose de bien pour moi, pour ma maman aussi qui n'y arrivait plus à force de m'envoyer de l'argent comme elle pouvait, quand elle pouvait. Cela déchargeait aussi Fred et Joan qui m'aidaient beaucoup. J'ai vécu ce contrat comme un soulagement. Je me rappelle de mon premier salaire, plutôt modeste, mais la somme me paraissait énorme et ma première décision a été d'aller acheter des fringues chez Zara car je n'en avais pas beaucoup et, surtout, je voulais une bonne doudoune ! Pour m'acheter un pain au chocolat ou une canette à la récréation, je n'avais plus besoin de demander de l'argent, j'étais libre même si je n'avais jamais manqué de rien jusque-là.

En sortant du bureau du président, j'ai appelé ma maman, elle était juste contente que j'aie un contrat car elle savait que je réalisais un rêve de petite fille. Elle était fière aussi mais dans la famille on ne montre pas ses sentiments et elle a surtout beaucoup remercié Fred, elle n'arrêtait pas de lui dire « merci, merci ! ». Elle n'avait pas pu me suivre en Métropole, elle avait fait confiance à Fred et elle se trouvait soulagée que je sois indépendante même si rien n'avait été simple. Les moqueries à l'école, sur ma taille, mon accent, ont été pénibles à vivre mais elles m'ont permis d'avancer. En quelques mois seulement à Lyon, j'avais franchi beaucoup d'étapes. Oui, elle avait fait du chemin la petite Martiniquaise, de son arrivée à Lyon jusqu'à ce premier contrat signé dans le bureau de Jean-Michel Aulas !

Au fil des années, Lyon est devenu ma ville. J'y suis devenue une adulte et une femme accomplie.

Mon papa et ma maman formaient le plus beau des couples à mes yeux.

Sur cette photo, j'ai 4 ans.

Laurie et moi entourons notre papa, Georges.

J'ai 5 ans et je prends la pose devant la maison familiale au Prêcheur.

Même si je passais la plupart de mon temps à jouer au foot, je savais aussi me mettre sur mon trente et un quand c'était nécessaire.

Le directeur de l'école, Philemont Montout, me remet une médaille après une victoire sur un triathlon.

À l'âge de 10 ans, entourée de mes coéquipiers de l'Essor Préchotin, le club de ma commune du Prêcheur.

En 2007, lors de ma première saison à l'OL. Au premier rang, assises, Shirley Cruz, Camille Abily ou encore Sonia Bompastor.

Après la Coupe du monde, le président de l'exécutif Martiniquais, Alfred Marie-Jeanne, m'a reçue, et je lui ai offert mon maillot de Lyon.

En compagnie de ma mère, mon pilier.

Devant ma maison, à Lyon, en compagnie de ma mère, de ma tatie Laure et mon filleul, Lorick. Dans mes mains, mes trophées de meilleure joueuse du match remportés lors du Mondial 2019.

Ma photo de classe lors de l'année scolaire 1998/1999.

Félix Merine, mon ami, champion des yoles rondes (sport populaire en Martinique).

La yole ronde, l'un de mes sports favoris. Une institution en Martinique.

Avec mon conseiller, Fred Labiche, nous posons avec les Trophées que j'ai remportés avec l'Olympique Lyonnais lors de la saison 2018-2019.

Réception à l'hôtel de ville de Lyon : Yann Cucherat, Jean-Michel Aulas, Françoise Petit, Isabelle Bernard, Gérard Collomb (maire de Lyon).

J'ai eu le bonheur de monter en voiture avec le champion martiniquais Simon Jean-Joseph.

En compagnie de Valérie Lorentz-Poinsot, la directrice générale déléguée des laboratoires Boiron. Dans mon quotidien, l'homéopathie est incontournable.

Jocelyn Germé a été décisif dans ma carrière en me permettant d'intégrer le Pôle du François, puis en me permettant de faire l'essai à Clairefontaine. C'est ensuite lui qui m'a mise en relation avec Fred Labiche, devenu depuis mon conseiller.

Le préfet de la Martinique Franck Robine m'avait conviée pour la cérémonie du 14 juillet 2019.

Lors de la cérémonie de The Best, j'ai croisé mon ami Éric Abidal.

Avec mon trophée de meilleure défenseure centrale de The Best en 2019, entourée de Jean-Michel Aulas et de mon conseiller, Fred Labiche.

C'est à chaque fois un vrai plaisir de croiser Paul Pogba, la Pioche.

J'ai rencontré Élodie Thomis lors de mon essai à Clairefontaine et notre amitié ne s'est jamais démentie depuis. Je la surnomme affectueusement « Mamie ».

L'équipe type de The Best 2019. Nous sommes trois joueuses de l'Olympique Lyonnais : Lucy Bronze, et Amandine Henry et moi, les deux seules Françaises.

En 2017, nous avons remporté notre 4e Ligue des champions en battant le PSG en finale (0-0, 7-6 aux tirs au but).

Une joie sincère avec ma coéquipière galloise Jessica Fishlock après notre victoire en finale de la Ligue des champions en mai 2019 face au FC Barcelone (4-1).

Avec Louisa Necib la complicité était parfaite sur et en dehors des terrains. Elle m'a offert de nombreux buts grâce à ses qualités techniques extraordinaires.

Notre belle victoire en Ligue des champions à Kiev, face à Wolfsburg (4-1), en mai 2018.

SWORD
adidas
OLYMPIQUE LYONNAIS

L'équipe de France avant le quart de finale du Mondial 2019 perdu face aux États-Unis (1-2).

Je fais parler mes qualités aériennes lors d'un match amical contre la Russie en mai 2015.

Ma célébration après mon but sur penalty face au Nigeria, le 17 juin 2019, en Coupe du monde.

Mes coéquipières me félicitent après mon premier but lors du Mondial, face à la Corée du Sud (4-0), sur un corner tiré par Gaëtane Thiney.

Ma joie après mon but – le quatrième dans cette compétition – face aux États-Unis en quart de finale de la Coupe du monde.

A
EF
739-XJ
90
PEUGEO
J9

TÉMOIGNAGE

JEAN-MICHEL AULAS
président de l'Olympique Lyonnais

Pour aller au siège social de CEGID, mon ancienne entreprise, on longeait les quais de Saône, à Lyon. Un jour, je l'ai aperçue alors qu'elle courait, je ne la connaissais pas très bien. Je lui ai glissé un petit mot pour lui démontrer que je m'intéressais à elle, que je l'avais déjà vue, qu'elle faisait partie des gens sur lesquels on allait compter. À l'époque, elle était un pari car elle était moins configurée pour le football que maintenant, elle était moins musclée, moins robuste mais elle n'avait que seize ans. C'est plus tard, vers 19, 20 ans, qu'on a compris qu'elle deviendrait une joueuse exceptionnelle, peut-être la meilleure du monde actuellement, et qu'elle s'inscrirait dans l'histoire du club, car au-delà de ses qualités de joueuse, Wendie est un vrai personnage. C'est rare d'avoir des jeunes joueurs et joueuses qui aient la capacité à rester dans leur club d'origine, en tout cas en France. Pourtant, on a failli la perdre, comme avec Nabil Fekir d'ailleurs, mais je me suis impliqué personnellement pour trouver la solution car au-delà de ses qualités de footballeuse, elle a l'ADN de l'Olympique Lyonnais qui gagne et qui dure. Wendie a une vraie personnalité, elle ne cède pas, sur quoi que ce soit, mais, en tant que leader, elle a aussi démontré sa capacité à entraîner les autres, à résister, et, plus fort, à tirer avec elle ses coéquipières. Je ne l'ai presque jamais vue étaler ses failles, parce qu'elle ne se livre pas facilement déjà, par indépendance, réserve aussi. Mais elle a été touchée lorsque Corinne Diacre lui a retiré le brassard de capitaine en équipe de France sans réelle explication. Un acte non-réfléchi qui l'a fait douter car elle a eu l'impression d'être une cible alors qu'on lui a toujours fait confiance dans ce rôle de capitaine à Lyon, la meilleure équipe d'Europe et peut-être du monde. Voir avant une échéance aussi considérable que la Coupe du monde de football en France, qu'on lui enlevait cette responsabilité l'a beaucoup fait douter. J'ai beaucoup parlé avec elle pour lui redonner confiance après cette décision injuste.

On a une relation forte qui permet cette confiance réciproque et quand on a eu des alertes, individuelle ou collective à Lyon, elle a pris la peine de sortir de sa réserve pour m'appeler et résoudre le problème. Mais jamais pour commenter un acte qui n'avait pas de sens ou quelque chose d'anodin. J'ai beaucoup de respect pour Wendie en tant que joueuse, peut-être la meilleure du monde en ce moment comme je le dis souvent à Noël Le Graët, le président de la Fédération française de football, et aussi pour la femme qu'elle est devenue. Son histoire a été marquée par des choses fortes, comme la perte de son papa. Elle a soif de réussir, pas seulement dans le foot, elle veut réussir sa vie et si je peux l'aider dans ses choix, je serai là. Notre relation va au-delà du rapport joueuse-présidente et alors qu'elle pourrait croire que je dis toutes ces choses gentilles pour la garder, elle sait que c'est plus profond. Malgré ses origines antillaises, elle incarne Lyon, ses treize championnats gagnés, ses six Coupes d'Europe et j'ai la conviction qu'elle va continuer d'apprendre avec l'OL. Mon idée, c'est qu'elle ait un parcours comme Paolo Maldini au Milan et c'est possible car son histoire s'écrit au-delà du foot. Je le ressens profondément, c'est quelqu'un de vraiment bien.

TÉMOIGNAGE

FARID BENSTITI

ancien entraîneur de l'Olympique Lyonnais (2001-2010) et du Paris-Saint-Germain (2012-2016), champion de France en 2007, 2008, 2009, 2010 et finaliste de la Ligue des champions en 2010 et 2015.

Wendie était différente des autres joueuses dès son plus jeune âge, techniquement au-dessus de la moyenne mais elle n'exprimait pas ses qualités à cause de sa grande taille et d'une motricité qu'elle devait encore développer avec le temps. Je lui ai toujours dit qu'elle devait être patiente, attendre que sa croissance s'arrête avant de prendre du muscle et par là même de la tonicité. Son acharnement au travail a vite payé. Mais, dans son comportement de tous les jours, dans le jeu, elle dégageait déjà de la maturité. Réservée mais pas timide, elle avait énormément de caractère pour son âge alors que beaucoup ne croyaient pas en elle, ce qui était surprenant. La concurrence était rude à Lyon, je l'ai protégée sans jamais laisser le moindre doute s'installer, elle a continué à jouer régulièrement avec moi, même quand, sur certains matches, elle a commis des erreurs dues à son manque d'expérience. Je me rappelle de notre demi-finale de coupe d'Europe contre Umea au cours de laquelle elle perd un ballon naïvement devant la Brésilienne Marta qui en avait profité pour faire marquer une partenaire. Beaucoup auraient pu le lui reprocher mais, au contraire, j'ai toujours pensé que cette erreur la ferait grandir. Je ne la gérais pas, je lui donnais ma confiance et quand je suis convaincu des qualités d'une jeune joueuse, je m'acharne à ce qu'elle réussisse, je fais tout ce qui est possible pour lui faire atteindre le haut niveau. Je l'accompagne sans lâcher prise et Wendie a joué avant tout parce qu'elle le méritait, parce que son potentiel était immense. Être dans le groupe pro très jeune l'amenait à ne jamais se ménager, à être tirée vers le haut car, sur le plan sportif, Wendie ne lâchait jamais prise. C'était et c'est toujours une perfectionniste, une acharnée du travail qui met tout en œuvre pour atteindre ses objectifs. Mais ce qui m'a le plus plu chez elle, c'est sa simplicité dans la vie de tous les jours, sa gentillesse, à l'opposé de son agressivité sur le terrain ! Une amitié particulière, à la fois très grande et réservée, nous lie même si on ne se parle pas trop ou si on ne se voit pas souvent. Mais, à chaque fois, il y a une émotion particulière quand nous nous croisons. Je crois qu'elle sait que j'ai toujours été auprès d'elle même si je suis parti de Lyon à un moment où elle et toutes les autres joueuses arrivaient à maturité. Malheureusement je n'ai pas pu profiter de sa qualité quand, comme ses coéquipières, elle était prête pour le très haut niveau. Il ne faut pas qu'elle se lasse, elle peut jouer encore très longtemps et gagner avec l'équipe de France, ce qu'elle n'a jamais pu réaliser jusqu'à maintenant.

UN NOUVEAU MONDE

Très à cheval sur l'éducation, les résultats scolaires, Fred a imposé à la maison des règles qui ne me dépaysent pas de la Martinique. Par exemple, dès le début, il me dit que tous les cintres doivent être accrochés dans le même sens, il a aussi une façon bien précise de ranger les chaussures, les pantalons, tous pliés dans le même sens. Une discipline qui me convient car je suis ordonnée. Plus mes affaires sont propres et bien rangées, mieux je me porte. J'ai trouvé quelqu'un me ressemblant sur le plan de l'hygiène et de la propreté, ce qui va favoriser mon adaptation. Personnellement, aussi, j'ai passé un cap. Après une première saison marquée par un titre de championne de France, même avec seulement deux petits matches au compteur, j'ai trouvé mes marques à

Lyon, intégré tous les codes et la seconde saison a marqué mes vrais débuts au haut niveau. J'ai commencé et fini la saison avec le groupe professionnel, transpiré avec les filles du début jusqu'à la fin, jusqu'à ce second titre qui a eu une autre saveur du coup, une autre valeur. Mais jamais je n'aurais imaginé passer des moments privilégiés avec des joueurs que je regardais à la télévision, en Martinique, que j'avais encouragés au stade, poussés pendant ces grands matches qui incarnent la grande période lyonnaise. Attablés face à moi, Sidney Govou, Sylvain Wiltord, Florent Malouda… J'ai dix-huit ans et je côtoie les meilleurs joueurs français du moment, dans la maison où Fred et Joan m'ont gentiment accueillie depuis quelques mois. Ce n'est pas un rêve, c'est ma nouvelle vie. À l'entraînement, déjà, je croisais Mahamadou Diarra, Eric Abidal, Cris, Juninho, Caçapa et mes yeux brillaient en les voyant après nos séances respectives. On se disait bonjour mais sans jamais vraiment parler, j'étais timide, presque à me cacher. Eux essayaient d'engager un dialogue, me demandaient comment j'allais, j'osais à peine leur répondre. Puis, au fil du temps, je me suis sentie plus à l'aise grâce à Fred et Joan, arrivé deux ans avant moi. Six mois après mon arrivée, je déjeunais ou dînais avec de grands joueurs, disponibles et sympas avec moi en plus. C'était irréel. Anthony Réveillère m'a donné des crampons, Govou des vêtements d'entraînement, j'ai vécu un rêve éveillé au sein de ce groupe qui, cela se ressentait, a été très uni pendant toutes ces années de succès. Je n'arrêtais pas de me dire que j'étais née sous une bonne étoile, je savourais cette chance mais je restais timide, j'observais leurs faits et gestes car mon objectif était de devenir comme eux, une grande joueuse, gagner des matches, des titres. Quand ils étaient à la maison, ils me chambraient beaucoup mais ils ne me regardaient pas de haut parce que j'étais une joueuse de foot. Au contraire, on a eu des contacts très enrichissants, ils me conseillaient de ne pas oublier d'où je venais, de prendre du plaisir sur le terrain, me rappelaient que je n'avais pas fait tous ces efforts, tout ça, pour rien. Que si j'avais mal, il fallait que je serre les dents, que je ne dise rien. Car quand on vient de loin, comme moi de la Martinique, on attend beaucoup plus de vous. Pas un jour n'est passé sans qu'ils aient eu un petit mot gentil, pour prendre de mes nouvelles, savoir ce que j'avais fait le week-end. Quand je n'étais pas là, à table avec eux, ils demandaient à Fred ce que je devenais.

En allant manger à la cantine du club avec Joan, je rencontrais aussi le reste de l'effectif. Je ressentais l'esprit de famille OL dont j'étais un membre, car ils n'ont jamais affiché de mépris pour la section féminine. Parfois juste un regard, un petit mot d'un pro peut t'aider, renforcer ta confiance. Ce n'est pas ça qui lance ta carrière mais cela te conforte dans tes objectifs, tes rêves de t'imposer dans ton club tout en gardant à l'esprit que c'est à toi de donner le maximum. Les joueurs professionnels, tous internationaux ou presque, savaient que c'était ma première saison, que je venais de Martinique, et ils ont été bienveillants. Au début, ils ne venaient pas trop nous voir jouer ou alors plutôt sur les rencontres de Ligue des champions. Govou et Wiltord assistaient souvent à nos matches, Réveillère, aussi, venait quand les calendriers correspondaient, Abidal également avant de s'engager avec Barcelone. Cela fait plaisir de voir tous ces grands joueurs autour du terrain pour nous soutenir alors qu'à la base, le foot féminin ne les intéressait peut-être pas plus que ça. Ensuite, je me renseignais pour savoir ce qu'ils avaient pensé de mon match. Certains me disaient que c'était bien, me conseillaient d'être plus dure, d'assurer mes relances. Quand ça vient de sportifs qui ont gagné je ne sais combien de titres, tu écoutes, forcément, surtout que j'avais envie de devenir comme eux. J'étais en demande, j'en voulais encore plus, j'étais ouverte aux critiques. Je peux tout entendre dans la mesure où on ne peut pas tout réussir dans un match, il faut juste que le jugement soit objectif, qu'il permette d'avancer et que je le comprenne. Je prenais tout, le positif, le négatif, pour m'améliorer mais tout n'a pas été simple au club, non plus. Même si on gagnait des titres, même si on avait le soutien du président Aulas, les mentalités n'évoluaient pas beaucoup, certains ne voyaient pas d'un bon œil l'arrivée d'une section féminine. Si on en est là aujourd'hui, c'est grâce au président Aulas, à Farid Benstiti, puis à Patrice Lair et aux différents coaches qui lui ont succédé. Malgré les échecs, en 2010 notamment lors de la finale de la Ligue des champions, Monsieur Aulas n'a jamais lâché, il a insisté, il a continué jusqu'à ce qu'on la gagne une première fois en 2011. C'est un visionnaire, il a vu tôt, avant les autres, et cette avance prise s'est reflétée sur le terrain. Il l'a fait par conviction, pas pour des raisons politiques, dire l'inverse serait lui manquer de respect. Il nous a toujours dit qu'il voulait gagner la Ligue des champions. En 2006, il nous avait annoncé : « Je nous donne trois ans pour la gagner. » Il a toujours voulu avoir les meilleures joueuses françaises et internationales. Il savait ce qu'il voulait, gagner, et il a eu raison même si c'était compliqué, sachant que la section féminine ne pouvait être indépendante financièrement. Mais, au fil des saisons et des titres, nous avons gagné le respect et même l'admiration de gens extérieurs au club.

Le regard sur nous, nos performances, est différent et nos conditions ont évolué également. Au début, nous n'avions pas d'équipement aux couleurs du club, pas de vestiaire attitré, on ramenait nos sacs à la maison même si pour moi, cela ne changeait pas grand chose, c'était comme ça aux Antilles. Nos déplacements s'effectuaient en car, l'avion était réservé à la Coupe d'Europe. Pour le championnat de France, on partait la veille, on s'entraînait en arrivant, parfois après sept heures de trajet ! Un jour, alors que le match avait été reporté une première fois contre Yzeure à cause de la neige, on a pris la route en car, et toujours sous la neige. On se demandait pourquoi puisqu'on était persuadées qu'on ne jouerait pas. Le terrain était rempli de neige, plus que la première fois ! C'était encore plus dangereux mais on a quand même joué ! Il faisait très froid, Élodie Thomis s'était blessée à la cheville mais nos galères n'étaient pas terminées. Sur le trajet du retour, au moment de quitter le stade, on s'est retrouvées coincées dans un rond-point, à cause d'une légère montée. Le car a commencé à patiner, on s'imaginait rester des heures comme ça. On était même descendues du car, on ne savait pas quoi faire, on avait même pensé à pousser ! Notre chauffeur Gérard, je ne sais pas comment il a fait, nous avait finalement sorties d'affaire. Avec le recul, cela fait partie de notre histoire à l'OL, cela nous rappelle d'où l'on est parties, le nombre d'étapes franchies, le chemin parcouru… Mais rien n'est acquis et si tu ne gagnes plus, on t'oublie vite, c'est la réalité du sport, et en l'occurrence du football, et je l'ai intégrée. On avait déjà beaucoup gagné à l'époque mais il fallait encore prouver, surtout en Ligue des champions. Lorsque l'on gagne le championnat et la Coupe de France, et je le ressens encore aujourd'hui, les gens trouvent ça normal, ils négligent un peu les efforts que cela demande. Quand on commence le championnat, tout le monde est à zéro point et notre objectif, c'est de faire le maximum sur les vingt-deux journées, pour toutes les gagner. Avec tout ce que le président a investi, les moyens mis à notre disposition, on n'a qu'une envie, c'est d'être au top, pour les gens qui investissent dans le club. Si on lâche juste un peu, c'est le retour de bâton. Respecter l'adversaire, c'est se respecter soi-même et je ne me vois pas rentrer sur le terrain en me disant « tranquille, ça va être facile aujourd'hui ». On sait qu'on a un effectif capable de faire la différence à n'importe quel moment. Le foot démontre chaque année que même si on a la meilleure équipe, les meilleures joueuses ou les meilleurs joueurs, les occasions ne se présentent pas comme ça, les buts ne rentrent pas tout seuls. Certains jours, on va rater des gestes. C'est sûr, si les gens ne regardent que le résultat brut, la notification qu'ils reçoivent sur leur téléphone, ils peuvent se dire que c'est trop facile pour nous quand on gagne avec un score fleuve. Mais par moments, mieux vaut regarder le contenu du match avant de juger. On s'est parfois imposées largement sans que cela reflète la physionomie du match. En tout cas, jamais on a pensé à lever le pied face à de soi-disant petites équipes, on a continué de jouer pour progresser, avancer, gagner encore et encore des titres. Ce n'est pas à nous de nous mettre au niveau des équipes, c'est l'inverse. Bien sûr, il arrive qu'on se retrouve face à des équipes dont les joueuses s'entraînent moins que nous. La plupart ont un travail à côté de leur activité en club. Elles mettent tout en place pour nous faire tomber, beaucoup d'agressivité, défendent avec un bloc assez bas. Il y a toujours un pied qui traîne pour nous barrer la route vers le but. Et c'est normal ! Parfois, oui, quand tu es défenseure, tu peux craindre de trouver le temps long sur certains matches où on a de la marge mais j'en ai toujours profité pour travailler d'autres aspects de mon jeu, les décalages, les passes, les contrôles. Au début, je développais mon jeu de tête offensif car à l'origine, et malgré ma taille, j'étais nulle ! J'avais tellement subi de moqueries que j'étais mal à l'aise avec cet atout, je n'aimais pas entendre que j'étais grande.

Aujourd'hui, je suis fière de mon palmarès, des treize titres de championne de France, des huit Coupes de France, des six Ligues des champions gagnées avec l'OL. Il est beau mais est-ce que c'est le plus beau du foot féminin ? Je ne sais pas, ce n'est pas à moi de le dire, je suis juste contente de pouvoir encore répéter : « La petite Antillaise a fait du chemin. » Si on m'avait dit, à 10 ans, que j'allais vivre tout ça... Mon rêve était juste de faire un beau parcours en Métropole. Derrière ce palmarès, il y a eu beaucoup de travail, de persévérance. Plus j'avance, plus je me rends compte, aussi, que je suis née sous une bonne étoile, que quelqu'un me protège de là-haut. Et ici également, toutes les personnes qui ont cru en moi, qui m'ont fait confiance. Quand on a gagné en début de saison un Trophée des champions contre Paris, j'ai reçu un message de Jocelyn, le CTR qui m'a permis de venir à Lyon. Il m'a dit qu'il était fier et cela m'a rendue heureuse. Je ne me lasse pas de gagner. Le jour où cela arrivera, j'arrêterai ma carrière ou j'irai dans un autre championnat, un autre pays, pour vivre autre chose. Par le passé, je me suis déjà posé la question mais je ne voulais pas partir juste pour changer d'air. En compétitrice, je veux gagner le maximum et on peut penser qu'en restant à Lyon, j'ai plus de chance de gagner mais si je devais quitter l'OL, je n'irais pas n'importe où. J'ai failli rejoindre un club londonien, c'était presque fait, j'avais besoin à l'époque de changer d'horizon mais le président Aulas que j'avais prévenu est intervenu pour me prolonger. Je suis restée, mais pour être honnête, j'étais un peu déçue car Londres est une ville que j'adore, et l'idée de rejoindre un pays qui apprécie et soutient autant le foot féminin était très séduisante. L'accent est vraiment mis sur les performances sportives, le quotidien est assez libre à partir du moment où tu performes individuellement et respectes les horaires du planning. À une « petite » je dirais d'avoir confiance en elle, de garder son énergie pour le terrain, de laisser les à-côtés, de ne pas trop écouter les compliments. Si tu es performante, les choses viendront naturellement. Ce ne sont pas les agents qui font les joueuses, ce sont les joueuses qui font les agents. Tu peux avoir le meilleur agent du monde, si tu es nulle, tu es nulle ! Il faut savoir ce que l'on veut, où on veut aller. Ce n'est pas toujours facile mais je me suis donné les moyens de réussir et si je l'ai fait, c'est possible pour d'autres à condition d'être déterminée et de croire en soi. Quand j'arrêterai ma carrière, là, je pourrai regarder ce que j'ai fait, ce que j'ai gagné. Pour l'instant, je ne compte pas les titres, j'en ai encore d'autres à gagner mais, oui, je veux laisser une trace indélébile, je veux marquer l'histoire du football. Et on entre dans l'histoire d'une discipline en remportant les plus grands trophées.

À LA DÉCOUVERTE DE L'EUROPE

J'aime dire que le football n'est qu'un jeu, un amusement. Et c'est drôle que ma première campagne européenne, avec Lyon en 2007-2008, ait commencé par un énorme… cache-cache ! Oui, un cache-cache avec toutes les autres joueuses dans un grand hôtel en Macédoine, dans la ville de Strumica, où se déroulait le premier tour préliminaire de ma première Ligue des champions, en août 2007. Je garde des souvenirs incroyables de ce voyage car nous avions un groupe soudé et insouciant qui découvrait cette compétition, et l'exigence qui l'accompagnait. Mais nous étions encore jeunes, tout était nouveau, le temps d'attente entre les matches long, la nourriture pas terrible, alors afin qu'on s'occupe, et j'ignore pourquoi, quelqu'un avait lancé l'idée d'organiser une partie de cache-cache dans cet établissement où se tenait également un mariage. Le gage pour les perdantes ? Faire un bisou au marié ! Qu'est-ce qu'on avait ri ! Récemment, j'ai revu nos têtes sur des photos, des vidéos, on s'est éclatées. Un sentiment de légèreté et de liberté a accompagné ce moment de détente, certaines filles se sont même planquées sur le toit de l'hôtel ! Les soirs de match, on passait nos soirées à la piscine, c'était vraiment tout nouveau pour nous, on était à peine conscientes de l'exigence de la compétition… Derrière cette attitude, il y avait encore un peu de notre enfance et une question : « Pourquoi se prendre la tête ? » Mais le coach Farid Benstiti, qui était dans le foot féminin depuis un moment, nous a bien rappelé pourquoi on était là ! Il savait que si on était sérieuses, si on jouait à notre niveau, ce tour ne serait qu'une étape à franchir car peu de clubs réputés s'y trouvaient. On avait ressenti, au fil des jours qui avaient précédé notre départ, l'importance que revêtait cette compétition pour le club et le président Aulas qui nous avait fait voyager en avion privé. Il nous a toujours mises dans les meilleures conditions. Avant ce voyage, les seules fois où j'avais pris l'avion, c'était pour venir en Métropole lors de mes cures pour lutter contre l'asthme, avec ma famille. Après la Macédoine, d'autres voyages suivront des années plus tard en Angleterre, au

Kazakhstan, en République tchèque... Souvent, je me dis : « C'est incroyable tous les endroits que j'ai déjà visités ! » En tout cas, le nombre de pays où j'ai atterri car pour être honnête, on est souvent de passage, on a rarement le temps de se balader. La famille, les amis, me disent souvent qu'on a de la chance de voyager mais je leur explique que cela se résume souvent à des transferts entre la chambre d'hôtel, le terrain d'entraînement et l'aéroport. On mange, on dort, on va s'entraîner, on ne voit rien du tout, seulement les quatre coins de la chambre. Pourtant, ma curiosité me pousse à observer au maximum en arrivant dans un pays mais on n'a pas beaucoup de temps libre, on part souvent sur deux ou trois jours, on s'entraîne la veille du match et, à part lors de la balade, quelques heures avant la rencontre ou quand on va visiter un monument repéré par le staff, nos contacts avec le pays, ses habitants, sont limités. Du car qui nous emmène au centre d'entraînement ou au stade, on se fait une idée rapide du pays, des conditions dans lesquelles les gens vivent. On ne peut pas tout avoir dans la vie, je ne suis pas là pour faire du tourisme ou alors il fallait faire autre chose que du football à haut niveau. J'ai cette chance, grâce au foot, de voyager, c'est déjà un grand bonheur : certains n'ont jamais pris l'avion de leur vie.

La Ligue des champions, que j'ai découverte enfant devant ma télévision en Martinique, c'est le summum de la compétition en club, même si je regardais tout, la Ligue 1, l'équipe de France, je mangeais foot matin, midi et soir. Mais la Coupe d'Europe est particulière, avec la fameuse petite musique lorsque les deux équipes entrent sur le terrain même si je regrette que les filles ne bénéficient pas de la même. Cet hymne est marquant et l'entendre fait encore défiler dans ma tête les plus grands noms de joueurs, de clubs, le Real Madrid, le Barça, Manchester United, Liverpool, l'AC Milan, l'OL, aussi, quand il réalisait des exploits au niveau européen et que je suivais parce que beaucoup de joueurs issus des DOM-TOM y évoluaient. Imaginer que plus tard j'allais les rencontrer, ainsi qu'Essien, Abidal, « Juni », Diarra… J'avais un regard d'enfant, d'admiratrice, devant leurs matches mais à l'époque, j'étais surtout folle du Brésilien Ronaldinho qui évoluait au PSG puis à Barcelone. Petite, je me prenais même pour Ronnie ! Parce que le Brésil n'est pas loin de la Martinique et qu'il transmettait du plaisir, quelque chose qui relevait du bonheur, sans jamais se moquer de l'adversaire. Il dansait avec le ballon, l'adversaire, il a inventé des gestes qui restent, comme la virgule. Il te faisait aimer le foot parce qu'il s'amusait, prenait du plaisir mais j'ai tout de suite compris que je ne serais pas

Ronaldinho, car je n'avais pas le même gabarit, la même facilité technique même si j'essayais de copier sa gestuelle. Le passement de jambe par exemple, un geste que j'aime beaucoup. Aujourd'hui, avec mon rôle de défenseure, j'en fais rarement mais, plus petite, je ne m'en privais pas tout en restant attentive à la télévision aux défenseurs, leurs déplacements, leurs anticipations, des choses simples. Je me rappelle du défenseur de Manchester United, Rio Ferdinand, un grand gabarit, fort dans les duels, qui se faisait respecter. De Maldini à la fin avec Thiago Silva au Milan AC, deux monstres, la meilleure paire de défenseurs centraux au monde, Piqué au Barça aussi pour sa qualité de relance et de déplacement, sa volonté de toujours réaliser le geste juste. Et Andrea Pirlo qui n'était pas défenseur mais qui, à mes yeux, incarnait la classe, l'intelligence, la qualité de la passe. Il dégageait quelque chose, il était serein au moment de ressortir la balle. J'aime le jeu, j'ai toujours rêvé de repartir de derrière, que tout le monde soit concerné par le ballon dans la construction de l'action avant qu'on la concrétise devant. Depuis petite, le foot est assimilé au plaisir, et c'est resté. Chez chacun de ces joueurs, j'ai pris quelque chose afin de m'améliorer, comme aujourd'hui, encore, j'apprends en regardant évoluer Sergio Ramos au Real et Virgil Van Dijk à Liverpool.

La Ligue des champions, c'est costaud, la plus belle des compétitions que tu puisses gagner en club, et chez les filles, dans le dernier carré, le niveau devient très élevé, équivalent à celui des grandes compétitions entre nations. Sur les premiers tours, on arrive à faire la différence sur l'intensité, la qualité technique et l'expérience. Plus on se rapproche de l'objectif et plus c'est difficile, mais c'est tout ce qu'on aime. Même si, au début, la compétition est plus accessible, elle reste un moyen de continuer à apprendre, car elle demande beaucoup d'exigence. Quand je l'ai disputée la première fois, en Macédoine, elle arrivait au bon moment pour moi, car elle m'a permis d'évoluer encore aux côtés de coéquipières expérimentées. À l'époque, on était moins armées qu'aujourd'hui, une nouvelle ère s'ouvrait pour l'OL féminin car le président venait de reprendre la section, d'investir. Bien sûr, on avait des noms, de grandes joueuses et, techniquement, on faisait la différence, physiquement aussi, on avait de l'avance mais il n'y avait pas de vidéo sur les adversaires, la préparation était donc plus compliquée, ce qui nous amenait à doubler notre concentration car on ne savait pas à quoi s'attendre, il fallait se faire sa propre analyse au fil du match. Mais très vite, on a compris qu'on avait de la marge et on n'a rencontré aucune difficulté face à nos trois adversaires. On a gagné largement contre le club slovène de Slovan Duslo Šal'a (12-0), le club macédonien de Skiponjat (10-0) et le club bosnien de Sarajevo (7-0). J'ai même marqué un but lors de la première rencontre ! Franchement, on s'était rendu les choses faciles et on s'attendait à une opposition plus relevée au cours de ce tour préliminaire qui regroupait malgré tout les équipes qui avaient fini premières de leur championnat. Mais si elles découvraient l'Europe, comme nous, leurs pays ne connaissaient pas le même état d'avancement de la discipline. Pourtant, je n'ai pas été déçue par cette première européenne car on savait ce qui nous attendait lors des prochains tours et, surtout, on ne voulait pas s'arrêter là, on rêvait déjà d'aller le plus loin possible car on savait que les prestigieux clubs allaient se présenter à nous, avec des rencontres plus intenses, plus intéressantes. Dès les premiers tours, on a montré qu'on avait de l'ambition, en jouant à notre niveau, mais on savait que le parcours serait long avec un deuxième tour préliminaire puis les matches à élimination directe. Un programme costaud pour atteindre notre objectif ! Car, tout de suite, on a pensé aller au bout de cette Coupe d'Europe même si nous n'étions pas encore totalement structurées, pas comme aujourd'hui. On avait en tête d'aller jouer cette finale, moi la première alors que je débutais à ce niveau et que les clubs allemands comme Duisbourg, puis Potsdam et Francfort dominaient tout à l'époque. Mais on avait un groupe de qualité avec lequel on savait qu'on pouvait aller loin avec des joueuses internationales, des Brésiliennes comme Katia et Simone Jatoba. J'étais entourée de filles expérimentées, on travaillait super bien, et on prenait les étapes les unes après les autres. Le deuxième tour préliminaire allait se dérouler chez nous, à Lyon.

À l'époque, on n'attirait malheureusement pas beaucoup de spectateurs dans notre stade de Gerland, environ mille par match, et seule la tribune centrale était ouverte. En championnat, si cinquante personnes venaient nous voir, c'était beaucoup. Parfois, quand il faisait très froid, il n'y avait pas foule. Voir Gerland rempli lors des matches des garçons nous faisait rêver mais pour que quelque chose se passe, cela passait par les résultats. Gagner pour promouvoir le foot féminin, lui donner une aura, on n'avait pas le choix. Mais à Gerland, même avec mille spectateurs, on était heureuses, on oubliait tout, car on rêvait de jouer dans ce stade. On a souffert, accrochées par Brøndby (0-0), victorieuses à l'arrache de Kolbotn (1-0) puis du Sparta Prague (2-1) mais on est passées et on a gagné le droit de disputer les matches à élimination directe contre les grands noms du continent. Contre Prague, j'ai marqué mon premier but à Gerland en Ligue des champions, du pied ! Sur coup franc, je traînais au second poteau, je la mets du gauche et je célèbre comme Pauleta, l'Aigle des Açores, les bras ouverts, comme si je volais. La Coupe d'Europe est une belle vitrine, l'occasion de se faire remarquer, surtout moi avec mon gabarit atypique. En plus de mes performances sportives, Fred voulait marquer encore plus le coup. Il m'avait demandé de me faire une coupe afro ! Je n'étais pas du tout d'accord, on s'est pris la tête, je me trouvais moche. Puis je me suis habituée et c'est vrai, quand je suis concentrée, regard dur, visage fermé, si on ajoute ma taille et la coupe afro, je fais guerrière ! Au niveau « marketing », cela m'a permis de me faire connaître en Europe, mais c'est bien sûr avant tout sur le terrain que la différence se fait, surtout quand on approche de la finale.

En quart de finale, on a trouvé sur notre route Arsenal, le club qui, par le passé, avait accueilli tellement de Français comme Patrick Vieira, Robert Pirès, Thierry Henry ou Emmanuel Petit que je regardais petite à la télévision. Arsenal, c'est vraiment un grand nom du football féminin, qui dominait l'Europe avec des joueuses talentueuses comme Kelly Smith et Rachel Yankey. On montait d'un cran, d'un niveau, face à une équipe expérimentée, habituée à évoluer sur le plan continental, et on a connu un premier match difficile, accroché, avec des occasions des deux côtés. Nous avons concédé un nul à

Gerland (0-0) qui nous laissait toutes nos chances chez les joueuses d'Arsenal. Malheureusement, je n'ai pas disputé ce match retour, blessée quelques jours plus tôt en championnat : je m'étais fêlé un disque du dos ! Le début du match a été très chaud, sur un petit terrain, il pleuvait énormément, le terrain était inondé, le ballon s'arrêtait tout seul quand on faisait des passes. Un contexte totalement britannique dans un petit stade, les tribunes étaient proches du terrain, les buvettes également, c'était une enceinte familiale, bien remplie et à fond derrière son équipe. On a été huées et, moi, j'adore ça, cela me donne plus de rage, de hargne. Si je me fais siffler, je mets plus d'impact, je me fais plus respecter encore. Mais les conditions étaient terribles et à la mi-temps, je me rappelle que Monsieur Robert Bayrou, chargé de la scolarité des jeunes au club, nous a aidées à essorer nos maillots dans les douches car nous n'avions pas de deuxième jeu ! On a mené rapidement 1-0 avec un but de Katia puis Smith a égalisé avant que Yankey ne donne l'avantage à Arsenal. Heureusement, nous n'avons pas eu le temps de douter car Camille Abily a marqué dans la foulée. Le score est longtemps resté à 2-2 jusqu'à ce qu'Élodie Thomis nous délivre à cinq minutes de la fin. Un but gag, le ballon ayant été ralenti par le terrain détrempé, ce qui a profité à « Élo »... Je m'en souviens bien car pour la première fois, on est passées dans Téléfoot le dimanche suivant, pas pour notre qualification en demi-finale mais en raison des conditions de jeu. Pour avoir du foot féminin à la télé, il fallait se lever tôt... On a été diffusées dans le... zapping ! Sortir Arsenal, la grande favorite, relevait de l'exploit. Après le match, le président Aulas, qui nous avait de nouveau accompagnées, était super content et, pour la première fois, il a débloqué une grosse prime pour nous, 300 000 euros à partager avec tout le groupe, c'était énorme ! On a hurlé de joie, c'était magnifique, on chantait, on dansait et au final, je n'avais plus du tout mal au dos.

La suite a été beaucoup plus douloureuse, surtout pour moi. En demi-finale, nous avons rencontré une autre belle équipe, Umea, championne de Suède avec la meilleure joueuse du monde du moment, la Brésilienne Marta. Cette rencontre a longtemps été difficile à accepter mais elle m'a aidée à grandir. Mon erreur devant Marta, à l'heure de jeu, a permis à son équipe d'ouvrir la marque par Madelaine Edlund à Gerland. Sur cette action, j'ai pu constater toute l'intelligence, l'expérience de Marta, tout ce que je n'avais pas à l'époque, à 17 ans. Naïve, j'ai voulu gérer un ballon en profondeur et l'accompagner en sortie de but en jouant de mon corps. Mais Marta a été plus maligne et a glissé son pied entre mes jambes, récupéré le ballon et centré pour sa coéquipière pendant que j'étais au sol. Ce but m'a fait mal car, même si Louisa Necib a égalisé ensuite, il mettait l'équipe en grande difficulté pour le match retour. J'avais envie de réagir, de me rattraper aussi mais je suis défenseure et à part les coups de pieds arrêtés, c'était compliqué de marquer un but. De toute façon, je ne suis pas restée longtemps car Farid m'a sortie dans les minutes qui ont suivi. J'étais énervée contre moi et cette décision n'a rien arrangé car elle me montrait que lui non plus n'était pas content. En me raccompagnant dans le vestiaire, le préparateur Nicolas Quinault avait beau me parler, me dire que cela pouvait arriver à n'importe qui, je n'arrêtais pas de frapper ce que j'avais sous la main. Farid m'en a parlé ensuite, il m'a expliqué qu'il m'avait remplacée pour me protéger, que c'était mieux pour moi mais, sur l'instant, je n'ai pas entendu cet argument. Je n'y voyais aucune protection mais une sanction et j'aurais préféré qu'il me laisse sur le terrain, qu'il voie ma réaction, mon caractère. J'avais honte de cette connerie sur le terrain qui pénalisait mes coéquipières et en plus le coach me punissait. Je n'avais qu'une envie, c'était de me cacher. J'étais très jeune, c'était une première pour moi mais dans ces moments-là, très peu de personnes te soutiennent… Le surlendemain, sur le synthétique des garçons au centre d'entraînement Tola-Vologe, lors d'une séance de musculation, un dirigeant du club est venu me parler, me soutenir, me dire qu'on allait se qualifier là-bas. C'est bien le seul car d'autres ne l'ont pas fait, pas même des joueuses expérimentées. Sur le coup, j'ai pris conscience de pas mal de choses, cela m'a fait grandir. J'ai senti des regards tristes et sincères pour moi de la part de celles avec lesquelles j'échangeais. Mais ce match représente le début de quelque chose pour moi. Aujourd'hui, quand j'ai des protections de balle à faire, j'y pense encore, plus de dix ans après. Cela m'a marquée et je préfère mettre le ballon en touche ! Grâce à cette erreur, j'ai mis plus d'implication à chaque entraînement, je ne laissais plus rien passer, plus le moindre détail, j'ai été dix fois plus dure avec moi-même car je savais qu'on ne me ferait pas de cadeau. J'ai d'autant plus ruminé qu'au match retour, en Suède, nous ne sommes pas parvenues à renverser le score (0-0). La semaine avant ce match avait été longue, compliquée, j'avais honte vis-à-vis du club, des supporters et ce 0-0 a confirmé que l'accès à la finale s'était joué à rien, à cette erreur de ma part. Je n'en ai pas dormi. Perdre un match, être éliminée d'une Coupe parce que l'équipe en face est meilleure, je peux l'accepter mais quand tu es impliquée dans la défaite… J'avais envie de déchirer ma licence. Mais j'aime trop le foot et j'ai repensé aux joueurs que j'admirais et je me suis rappelé qu'eux aussi ont commis des erreurs, qu'ils ont appris et progressé. On se construit comme ça aussi, avec des erreurs, il faut juste l'admettre. Même si cela fait mal, c'est dans ces moments que tu deviens une femme et que tu franchis des paliers.

Il a fallu du temps mais deux ans après, on a retrouvé Umea en demi-finale de la Ligue des champions. Marta n'était plus au club, elle était retournée au Brésil mais 85 % de l'effectif suédois était encore présent. Avant d'affronter Umea de nouveau, j'ai repensé à mon erreur, à notre élimination, je tenais ma revanche. J'aurais pu baisser la tête mais il était hors de question qu'on perde et je me suis appuyée sur ce que Fred m'avait conseillé de faire, les trois mots inscrits sur un bout de papier et que je lisais tous les matins en me levant : « Motivation, application et concentration. » Souvent, il me répétait : « Tu n'as pas fait 8 000 kilomètres pour rien ! » J'ai toujours eu ses mots en tête pour un match de C1 comme pour une rencontre de championnat ou pour aller à l'école, persuadée que sans ces trois valeurs, tu ne peux pas réussir. Plus exigeante avec moi-même durant ces deux années, j'avais grandi comme toute l'équipe et, enfin, cela a payé puisque nous avons battu Umea 3-2 à domicile avant d'aller faire nul (0-0) en Suède. Surtout, nous avons atteint notre première finale de Ligue des champions et ce jour-là, on n'a pas ménagé le président ! Il a été choqué qu'on le secoue de la sorte pour la première fois mais nous ne sommes pas allées jusqu'à le jeter dans la douche. La joie collective était intense mais elle n'effaçait pas mon erreur deux ans auparavant, car qui sait, peut-être l'aurions-nous remportée cette Ligue des champions… Surtout que la finale, notre première, ne nous a pas permis d'atteindre notre objectif ce 20 mai 2010. Face à Potsdam, la rencontre a été assez équilibrée même si, sur le papier, les Allemandes avec Josephine Henning, Fatmire Bajramaj et Anja Mittag étaient un peu au-dessus de nous. Depuis un moment, elles dominaient le foot européen alors que nous n'étions encore que dans une phase de progression, débutée quatre ans auparavant. Mais quand, au moment de rentrer sur le terrain, tu passes devant le trophée, tu ne penses pas à tout ça et tu ne rêves que d'une chose, le ramener à la maison. On a ressenti la pression d'une première finale, contrairement à Potsdam qui avait l'habitude de gérer ce type d'événement. À titre personnel, je me suis sentie bien, solide, face pourtant à la meilleure joueuse du moment, Bajmaraj qui nous a fait très mal, mais Sarah Bouhaddi a sorti une grosse finale dans les buts. On a subi des occasions franches, on s'en est procuré aussi mais, à la fin, les deux équipes ont été incapables de se départager. Et tout s'est réglé pendant la séance de tirs au but. Une séance folle, longue, avec une gardienne en face de nous qui la jouait à l'intox, faisait un tas de grimaces pour nous déstabiliser. J'étais jeune, je n'ai pas fait partie des cinq premières tireuses : Corine Petit-Franco, Lara Dickenmann et Aurélie Kaci ont réussi leur frappe, on menait même 3-2 puisque deux Allemandes ont raté leurs penalties. Malheureusement, la gardienne Anna Sarholz a entre-temps stoppé celui d'Amandine Henry. Si notre attaquante Isabell Herlovsen avait marqué son penalty, on aurait remporté la Ligue des champions mais au lieu de ça, on est reparties de zéro. C'était tendu, équilibré et chaque équipe devait envoyer une joueuse. Celle qui ratait entraînait la défaite des siens. Personne ne voulait y aller chez nous, je me suis donc lancée : « Allez, j'y vais. » C'était d'autant plus risqué que je n'avais jamais tiré en match officiel, seulement à l'entraînement et d'ailleurs, j'avais tout raté dans la semaine ! J'ai pris mon temps, repensé au conseil que donnaient mes éducateurs en Martinique. Je suis restée concentrée au moment de poser le ballon afin d'oublier la fatigue du match et de la prolongation. Quand j'ai relevé la tête, j'ai vu le sourire en coin de la gardienne, ses bras qu'elle bougeait dans tous les sens, cela m'a énervée et je me suis dit : « Toi, tu vas aller au fond avec la balle ! » Je ne me suis pas posé de questions, j'ai mis une patate et j'ai réussi mon tir au but. J'étais contente, soulagée car j'étais la petite jeune de l'équipe mais ma joie a été de courte durée car la séance s'est éternisée jusqu'à ce qu'Élodie Thomis rate sa frappe, un exercice pour lequel elle n'était pas à l'aise. La fin de l'histoire était dure, triste mais ce que j'ai eu du mal à accepter, c'est qu'on avait deux penalties d'avance pour remporter le trophée. Un an après, cette déception contre Potsdam allait nous servir.

2011, LE GRAND CHANGEMENT

Avec Louisa Necib, ce 26 mai 2011, nous étions dans notre chambre d'hôtel, à Londres, on avait lancé la musique pour évacuer un peu le stress et on regardait la pluie tomber par la fenêtre à quelques heures de la finale de la Ligue des champions. « C'est un vrai temps anglais, ça va être chaud », ai-je dit à Louisa. Dans nos têtes, pourtant, une évidence s'imposait : peu importe l'adversaire, le contexte, on devait ramener le trophée à Lyon, on ne pouvait pas échouer cette fois et ce désir de revanche était nourri par le fait qu'on retrouvait, Potsdam, qui nous avait battues aux tirs au but un an auparavant. On y avait pensé toute la saison, saison qu'on avait clairement attaquée avec l'idée de rejouer une finale de Ligue des champions et de la gagner cette fois, afin de ne pas rester sur ce goût d'inachevé. Peut-être même que cette conviction était née dix mois plus tôt, à Tignes, où nous étions en stage de préparation, avec un nouveau staff puisque Patrice Lair avait remplacé Farid Benstiti. Le président Aulas nous envoyait un signal en changeant la méthode, nos habitudes, et Patrice l'avait expliqué lors de notre première rencontre : « J'ai été recruté pour gagner la Ligue des champions. » Un objectif exigeant qui allait s'accompagner d'une rigueur de tous les jours et dès le début. À Tignes, nous avons vécu une grosse préparation – quand je dis grosse préparation, elle était vraiment énorme. Jamais on n'avait autant travaillé en stage d'avant-saison. C'était horrible, dur, basé sur le programme des garçons. Pendant dix jours, on a eu trois entraînements par jour : tôt le matin, on courait deux tours du lac de Tignes ou on effectuait, à vélo, trois tours. À 10 heures, on passait à la musculation, au travail physique et aux courses et, l'après-midi, le staff organisait des exercices, des jeux avec le ballon mais on n'en pouvait plus tellement on était mortes, alors que c'est ce qu'on préfère ! Parfois, le préparateur nous retirait le réveil musculaire tellement on était K.-O. Avec Louisa, le soir, au moment d'aller se coucher, on se regardait à peine, elle me glissait : « Ma sœur, je n'en peux plus. » En fait, dès la fin de la dernière séance quotidienne, on se dépêchait d'aller dîner pour ensuite rejoindre nos chambres et on se réveillait le lendemain avec tellement de courbatures qu'on ressemblait à des mamies. Le dernier jour, dans le car qui nous ramenait à Lyon, on entendait les mouches voler, tout le monde dormait au bout de quelques minutes de route. Juste avant, on avait terminé ce stage par une opposition entre nous qui n'avait ressemblé à rien et qui, au contraire, avait rendu Patrice furieux !

Un personnage que je découvrais au cours de ce début de saison, avec son caractère très entier, mais c'est surtout le match amical contre Barcelone, à Annecy, qui nous a permis de comprendre qu'il n'était pas là pour rigoler. Malgré la victoire (3-0), c'est vrai un peu poussive car nous avions les jambes lourdes, Patrice n'a pas aimé du tout le contenu du match même si je me souviens avoir marqué le premier but sur un coup-franc de Louisa. Après la rencontre, un peu blessée, je suis restée sur le terrain pour m'étirer, faire mon décrassage avec le kiné et j'ignorais que Patrice m'attendait dans le vestiaire avec toute l'équipe ! En plus, celui que j'appelle Papy Roger, le monsieur qui s'occupe des licences et des maillots, était venu me chercher, non pas pour me ramener au vestiaire mais parce que Sidney Govou, qui terminait sa carrière avec Évian TG en L1, à côté d'Annecy, lui avait fait passer le message qu'il était au stade et qu'il voulait me voir.

Après mes étirements, je me suis donc dirigée vers Sidney qui me faisait signe de loin et, au moment de passer devant notre vestiaire, Patrice est sorti et m'a dit : « Elle est où celle-là, elle se prend pour qui ? » Tout le monde se retourne, je le regarde et il remet ça : « Oui oui c'est toi que je cherche, tu te prends pour qui ? On n'attend que toi. » Je rentre dans le vestiaire, je ne comprends rien, je ne dis rien mais je sens mes nerfs se tendre. Je prends ma douche, les larmes aux yeux, j'étais à bout. Une fois prête, je suis allée dans le vestiaire du staff, en face du nôtre, j'ai frappé et je lui ai dit : « C'est la dernière fois que tu me parles comme ça, que tu me manques de respect devant les autres. Je ne t'ai jamais parlé comme ça. » Il m'a répondu que j'avais le melon alors qu'il ne me connaissait pas. J'ai claqué la porte. C'était la première et unique fois que l'on se fritait avec Patrice. Les filles qui l'avaient connu à Montpellier m'avaient pourtant prévenue : « Il est dur, il ne rigole pas et s'il te trouve nulle, il te le dira. » Après cet épisode, j'avais envie de l'encastrer dans le mur mais, avec le recul, j'ai compris qu'on avait besoin de cette exigence à l'OL, qu'il était arrivé au bon moment au club. En terme de rigueur, de travail, il nous a fait monter d'un cran car il ne lâchait pas. Des années après, je suis persuadée qu'il a dit des choses qu'il ne pensait pas vraiment mais quand, aujourd'hui, avec les filles, on repense à lui, à ce qu'il nous a fait, on rit et on se dit : « Mais comment a-t-on pu subir ça ? » Patrice nous a toutes fait passer un cap avec son humour et sa folie. Après une toute petite victoire contre Rodez en championnat à domicile, où j'avais marqué un but de la cuisse sur corner à vingt minutes de la fin, après des dizaines d'occasions manquées, il a balancé, énervé, dans le vestiaire : « Rendez-vous demain matin à sept heures pour l'entraînement ! » Entre nous, on n'y croyait pas, on a commencé à plaisanter en se disant qu'on allait sortir en boîte et arriver directement au footing à sept heures du matin. Mais il ne rigolait pas et le lendemain, on s'est toutes retrouvées sur le parking du centre d'entraînement, dans le froid, de nuit, mais on avait mis de la musique sur le parking et on s'amusait encore. Beaucoup moins après un long footing et encore moins quand il a demandé au préparateur physique, Toru Ota, de ne pas sortir les tapis de sol pour les exercices de gainage et d'étirement : « Elles n'ont qu'à mettre leur cul par terre. À cette heure, il y a déjà des gens qui travaillent à l'usine depuis longtemps. Et elles, elles se permettent de gagner un match 1-0 ! » On en a pris plein la gueule mais derrière, on a mis plus d'exigence pendant les matches. Et cette exigence était déclinée en dehors des terrains, dans les moindres détails. Lors des repas en commun, quand on riait trop, il nous balançait :

« Petit-déjeuner demain à 7h30 au lieu de 8 heures. Et si cela continue cela va passer à 6 heures ! » Une fois, « Pinoe » (l'Américaine Megan Rapinoe) qui n'avait rien compris à ses menaces parce qu'elle ne maîtrisait pas le français s'est mise debout, elle rigolait et nous avec ! Dans la foulée, il a programmé le petit-déjeuner à 6h30 et plus personne ne se marrait ! Cela s'accompagnait de sacrés coups de pressions, des phrases dures comme : « Bande de chèvres, vous êtes nulles, décrochez la caravane. » Avec le recul, j'en rigole mais à l'époque je me disais qu'il était fou. Moi, son management me convenait, pour d'autres joueuses, plus sensibles, c'était plus dur à vivre, et quand il en avait certaines dans son viseur, elles ramassaient ! Mais je sais aujourd'hui que c'était pour notre bien, il voulait seulement gagner et s'il aimait le conflit, s'il nous piquait, c'était pour voir notre réaction.

Au moins étions-nous sur la même longueur d'onde au moment de lancer cette campagne européenne qui devait nous mener jusqu'à Londres et la finale mais avant d'y goûter de nouveau, il a fallu achever un long parcours non sans embûche. Avec un avantage par rapport à la saison précédente : on connaissait la difficulté, la durée d'une telle compétition, on avait gagné en expérience, on faisait encore plus attention aux détails. Et, au moment de conclure, on ne comptait plus : la saison précédente, on voulait juste gagner le match alors que cette année-là, on voulait marquer le plus de buts possibles. Comme on avait gardé à peu près le même groupe, que deux ou trois joueuses étaient arrivées, il fallait gagner la Ligue des champions coûte que coûte. Le premier match européen nous a menées à Alkmaar, une double confrontation assez facile pour être honnête et je marque à l'aller (2-1) comme au retour (8-0). En travaillant aux côtés de la Brésilienne Katia, en répétant les exercices de coups de pieds arrêtés avec Patrice qui nous interdisait de reprendre le ballon autrement que de la tête, j'avais passé un cap dans l'impact, dans la répétition des duels et des efforts. Et comme on avait de bonnes tireuses, c'était plus simple de marquer. Après Alkmaar, on a poursuivi notre chemin dans cette Coupe d'Europe sans trembler face au club russe du FC Rossiyanka (6-1, 5-0), jusqu'à la rencontre face à un autre club russe, le Zvezda 2005. En quart de finale, chez elles et sur un synthétique en très mauvais état, on a souffert car elles ont bien défendu. C'était vraiment dur et Patrice n'était pas content après le 0-0 de l'aller. Honnêtement, au retour, on s'interrogeait car on avait du mal à marquer, on pouvait prendre un but à l'extérieur, ce qui nous aurait obligées à en marquer deux avec toujours le risque de prendre un but un peu con qui nous éliminerait. Et, malgré le superbe but de Lara Dickenmann, on a peiné jusqu'au bout, ne parvenant pas à concrétiser plusieurs de nos situations alors que nos adversaires, elles, cassaient le rythme, cherchaient à nous énerver pour nous emmener aux tirs au but. Mais on n'avait pas peur, j'avais confiance en mon équipe, je savais qu'à un moment cela allait passer. On n'a rien lâché et un groupe est né face à Zvezda car les émotions sur ce type de match, serré et stressant, ont été encore plus fortes. Je revois Lara qui, après son but, fait le signe de la main à toute l'équipe de venir vers elle. On lui a sauté dessus ! Mais ce n'était qu'une étape, la compétition avançait, le niveau grimpait encore d'un cran et même si ce n'était pas un adversaire du niveau de Potsdam ou d'un autre club allemand, on retrouvait une bonne équipe, Arsenal, en demi-finale. Une vraie rencontre européenne car nous avons joué devant 20 000 spectateurs à Gerland, avec la présence et le soutien des ultras lyonnais, les Bad Gones, qui ont mis l'ambiance et entraîné tout le monde avec eux. J'aime me nourrir de ça, tes supporters te donnent des ailes, mettent la pression sur les adversaires. Sur un corner de l'équipe adverse, ils vont huer, et, à l'inverse, te soutenir dans les moments difficiles. Là, tu te sens footballeuse, tu réalises ton rêve de gamine, de tacler, de marquer, de jouer devant un stade plein. Arsenal, c'était une affiche, cela parlait aux gens, ils avaient envie de venir au stade ! Un beau moment qu'on a su prolonger sur le terrain avec notre victoire 2-0, sur deux buts identiques de Lotta Schelin, à la Thierry Henry en ouvrant le pied, mais on a souffert. J'ai joué arrière gauche pour remplacer Sonia Bompastor qui était suspendue et en face de moi, j'avais une sacrée joueuse, Rachel Yankey, que j'admirais pour son jeu élégant, son beau pied gauche. Mais avant le match, Fred m'avait gonflée à bloc pour que je sois dure avec elle. Dans l'ensemble, j'ai pu gérer à l'aller comme au retour, qu'on a attaqué avec dans nos têtes l'idée qu'on partait de 0-0. En Angleterre, on n'a pas été déçues, on a eu droit à un match à l'anglaise, avec des duels acharnés, du hourra football par moment. Un vrai combat physique, sur leur petit terrain de Meadow Park à Borehamwood, au cours duquel on a subi, même si Eugénie Le Sommer a marqué le premier but en lobant la gardienne. On avait une telle armada offensive qu'on était sûres de marquer à l'extérieur, obligeant nos adversaires à se découvrir et à en marquer à chaque fois le double du fait de la règle du but à l'extérieur. Au retour, j'ai joué arrière droit car Patrice estimait ne plus rien avoir à m'apprendre comme arrière centrale, un poste que je maîtrisais selon lui. En me décalant sur un côté, à droite ou à gauche, il pensait que je serais encore plus costaude et qu'à mon retour dans l'axe, je serais intouchable. Lors de la première finale que nous avions perdue, j'avais déjà joué à droite, je ne découvrais donc pas ce profil tactique mais Patrice n'a pas eu à me convaincre : à mes yeux, l'entraîneur était le boss, j'écoutais beaucoup, persuadée qu'il le disait pour mon bien même si, parfois, c'était déplacé. Je pensais alors : « Si tu es intelligente, tu prends le bon côté qui va te faire avancer. » On a toujours eu des échanges constructifs et pour lui, j'étais jeune, je devais m'aguerrir défensivement pour élargir ma panoplie de défenseure. Et les faits lui ont donné raison car je prenais même du plaisir à déborder sur un côté. Je ne me suis jamais dit qu'il me mentait, j'ai toujours vu ses choix comme une volonté de me faire franchir les paliers et grandir. Je me disais qu'il savait ce qu'il faisait et j'ai appris à améliorer ma couverture défensive, à travailler avec mon binôme arrière centrale, à droite ou à gauche. Et dans mon couloir, j'osais encore plus et je jouais, surtout ! Même gardienne, j'aurais joué du moment que j'étais sur le terrain ! Surtout qu'après nos deux victoires contre Arsenal (2-0, 3-2) se profilait la deuxième finale de la Ligue des champions, à Craven Cottage, cette fois, le stade de Fulham, club mythique de Londres et du football anglais. On savait qu'il y aurait du monde, nos familles déjà, toute une délégation lyonnaise amenée sur place par le club qui avait fait les choses en grand. Les médias aussi s'intéressaient à notre match et le président Aulas nous a parlé lors de la causerie de la une de *L'Équipe* consacrée à notre match contre Potsdam : « C'est historique, c'est la première fois. » Il a fait un beau discours, nous a dit qu'il était fier de nous. Il a insisté sur le plus important, le collectif : si on ne jouait que pour nous, on n'arriverait pas à ramener le trophée dans le Rhône. Ensuite, Patrice Lair a débuté sa causerie, avec beaucoup d'émotion. En jouant sur les sentiments, il nous a piquées dans le bon sens, il a révélé quelque chose chez nous. On avait la rage. Je sentais le groupe costaud, prêt à en découdre. Nos têtes à la sortie de la causerie montraient des joueuses prêtes à partir à la guerre et ce visage, on le retrouve sur les photos prises avant le début du match : il n'y a pas un sourire, que des guerrières. On savait que ce serait difficile, mais je savais que ce soir-là, on était prêtes mentalement à faire un gros match. On avait envie de jouer tout de suite sauf qu'il restait encore quelques heures avant le coup d'envoi. Alors, pour patienter, j'ai écouté comme à chaque fois du Kompa, T-Vice notamment, qui me donne envie de danser. Avec le rythme, le corps monte en température et quand j'arrive au stade, je suis dans ma bulle, je suis là ! On ne peut pas dire qu'à ce niveau, on n'a pas de stress, j'en ressens forcément mais je cherche toujours à le positiver dans le sens où je veux bien faire. En revanche, je n'ai jamais peur de jouer, je suis juste animée par l'envie de ne pas décevoir mes proches et de ne pas me laisser déborder par les émotions. À Londres, cette mise en condition a été bénéfique, il a fallu être dedans dès le début car les trente premières minutes du match ont ressemblé à n'importe quoi, il y avait des duels aux quatre coins du terrain, on ne parvenait pas à poser notre jeu. C'était un superbe match en terme d'intensité. On s'imposait dans les duels, mais sans totalement dominer. On avait de bonnes séquences de jeu par intermittence mais face à des Allemandes costaudes, on a vite compris que ce serait un match compliqué. Le premier but, évidemment, je m'en souviens très bien, je ne pourrai jamais l'oublier. Sur un corner de Sonia Bompastor, de la droite vers la gauche, le ballon va un peu au second poteau où Amandine gagne son duel. La balle revient sur la gardienne qui repousse, Lotta reprend une première fois du droit mais la gardienne l'arrête encore. Le ballon revient sur moi et du gauche, je marque. Un but, sans jeu de mot, de renard ! Quelque temps plus tard, un journaliste m'a annoncé que j'étais la première buteuse française en finale de Ligue des champions. Je n'y avais jamais fait attention. Sur l'instant, j'étais juste contente d'ouvrir le score car ma maman était dans les tribunes et ce but rendait les fans heureux, ma famille, mes proches, les gens du club, le président…

Pour moi ce qui importe, c'est qu'il était au fond, on avait gagné, cela s'arrêtait là. Quand j'ai vu le ballon passer la ligne après ma frappe, c'était magnifique, magique, mieux que tout autre but du fait du contexte, une finale de Ligue des champions. Ce but nous avait libérées. Après la mi-temps, on a en effet eu plus de maîtrise, on savait que les Allemandes allaient se découvrir et avec nos reines de l'espace libre, Lotta Schelin et Élodie Thomis, on allait avoir des opportunités. Mais personne ne s'est enflammé, on savait qu'on allait encore souffrir et devoir rester concentrées car, en face, il y avait beaucoup de joueuses de qualité... On a tout donné et Lotta n'en pouvait tellement plus qu'elle est allée garder le ballon dans un coin du terrain comme on le fait quand il reste quelques secondes à jouer sauf que là, il restait encore dix minutes, ça ne servait à rien. On lui a dit et, sur le terrain, elle nous a répondu : « Mais je suis morte ! » On en a tellement rigolé après, c'était n'importe quoi. Jusqu'au deuxième but, celui de Lara, à cinq minutes de la fin. Pour la première fois, je me suis dit : « C'est fait, c'est fini. » Nos adversaires baissaient les bras, dépitées, leurs espoirs devenaient minimes. Au coup de sifflet final, j'ai explosé, on a explosé, on se sautait dans les bras, on ne voulait pas y croire mais on était bien championnes d'Europe, le résultat de plusieurs années de travail et de ces derniers mois de préparation, de Tignes où on n'arrivait pas à dormir tellement on était fatiguées jusqu'à ce moment. J'étais heureuse pour les supporters, pour nous, mais aussi pour des filles comme Sonia Bompastor et Sabrina Viguier qui venaient de remporter le plus prestigieux titre en club pour couronner une longue carrière. Je revois Gérard, le chauffeur de notre car qui se déplace aux quatre coins de l'Europe. À travers nous, il avait gagné, lui aussi, et ça me touchait de penser qu'il n'avait pas fait toutes ces heures de route pour rien, tout comme papy Roger qui pleurait. Ce n'était qu'un match de foot mais les émotions étaient tellement fortes, indescriptibles, les mots ne suffisent pas, il faut vivre ces moments pour comprendre. Le président Aulas savourait l'instant, il était tellement heureux qu'il chantait avec nous.

Au cœur de cette folie collective, j'ai pensé à la Martinique. Je venais de remporter la plus belle des compétitions avec mon club. Ce n'était pas la coupe aux grandes oreilles des garçons, mais elle était belle, plus fine, plus féminine. Le trophée était lourd et je me suis dit, « c'est bon, je l'ai en main ». Je me moquais de savoir si on avait bien joué ou pas, on l'avait ! Dans le vestiaire, dans le car, on a mis un sacré bazar. Le champagne a coulé à flot, on a dévalisé les réfrigérateurs du car, cela chantait, criait, l'ambiance était assurée par notre attaquante

Sandrine Brétigny, en patronne, dans le fond. C'était beau, c'était fort. Patrice était ému, fier, car il avait réussi son pari dès la première année. Mais on récoltait aussi le travail des années précédentes avec Farid Benstiti, les tours passés aux quatre coins de l'Europe, les expériences vécues, les échecs. Après cette finale, notre soif de victoire ne s'est pas éteinte, on en voulait encore plus, on espérait ressentir à nouveau ces émotions partagées ensemble, oui, on avait déjà envie de revivre ça. C'était le début de quelque chose, un premier trophée européen et je pensais déjà à la suite. Mais jamais je n'aurais imaginé que quelques années plus tard, on aurait remporté six Ligues des champions, dont quatre d'affilée. Lors de la dernière par exemple, en 2019 contre Barcelone, la finale a été complètement différente des autres car au bout de trente minutes de jeu, on menait 4-0. En 2012, le match était tellement difficile que l'on a dû attendre le coup de sifflet final pour sauter de joie. En 2016 aussi, face à Wolfsburg (1-1, 4-3 aux tirs au but), en 2017 dans une finale franco-française face au PSG (0-0, 7-6 aux tab) puis en 2018, encore face à Wolfsburg (4-1, après prolongation). Mais si rien ne pourra surpasser l'émotion de la première victoire en Ligue des champions, car les premiers titres sont toujours les meilleurs, celle de 2012, un an après, est mythique, dans l'ancien stade du Bayern Munich, en terre allemande, face à 50 000 supporters contre nous. La pression est tellement forte, qu'on rate notre début de match contre Francfort, en concédant trois corners de suite. Je m'en souviens comme si c'était hier, sur le premier, « Sabi » en voulant dégager rate son geste et le ballon heurte notre propre poteau. Sonia s'énerve un peu et change de place avec Sabi. Au fur et à mesure que le match avance, on retrouve notre confiance, notre sangsue, Shirley Cruz, va chercher un penalty que concrétise Eugénie Le Sommer. Après un long ballon en profondeur pour Lotta Schelin, repoussé de la tête par la gardienne en dehors de sa surface, Camille Abily nous offre une reprise magnifique à 30 mètres du but. Gagner avec humilité donne de la confiance, effraie tes adversaires qui te savent capable de marquer à tout moment. Mais on ne s'est jamais dit qu'on était imbattables, c'est impossible, car le jour où tu tombes, c'est encore plus dur. On l'a payé cher en 2013 : cela nous a fait mal quand on a perdu en finale contre Wolfsburg (1-0). On avait pourtant dominé mais on a concédé un penalty sur une main de Laura Georges, un peu par ma faute. Je saute, mais éblouie par un projecteur du stade, je perds le ballon de vue, je le rate et il tombe sur la main de « Lolo ». En 2014, on perd dès les huitièmes de finale avec la première défaite de notre histoire à domicile en Coupe d'Europe contre

Potsdam… En 2015, tout aussi douloureux, on sort au même stade de la compétition face à notre rival national, le Paris-Saint-Germain. Deux saisons difficiles avec des retraites de joueuses, des départs… Je me retrouve même en première ligne car au moment de la retraite sportive de Sonia, Patrice décide de me confier le brassard de capitaine. La période a été compliquée jusqu'à ce qu'on gagne de nouveau le titre européen en 2016.

TÉMOIGNAGE

PATRICE LAIR

ancien entraîneur de Lyon (2010-2014), du Paris-Saint-Germain (2016-2018), vainqueur de la Ligue des champions en 2011 et 2012, champion de France de 2011 à 2014.

Wendie a déjà vécu tellement de choses, gagné tellement de titres... Que dire d'elle si ce n'est qu'elle va continuer sur cette voie ? Elle est la meilleure défenseure du monde et si on portait autant d'attention aux gestes défensifs qu'aux actions des attaquantes, elle aurait obtenu des récompenses individuelles depuis un moment. Cela doit être frustrant pour elle car on oublie trop souvent ce qu'elle apporte sur le plan offensif : avec un bon pied pour lui donner des ballons, ça fait souvent but et quand nous étions menés, je n'hésitais pas à la faire jouer attaquante car je la savais capable de débloquer les situations. C'est vraiment dommage qu'elle ne soit pas plus considérée parce qu'un titre international sous le maillot de l'équipe de France, c'est tout ce qui lui manque. Avec Lyon, elle a déjà toute une histoire. Je ne sais pas si les gens se rendent compte : elle y est depuis toute jeune et a remporté tous les titres de championne de France depuis treize ans ! À part de rares petites choses, je n'ai jamais rien eu à lui reprocher, je ne me suis jamais énervé avec Wendie, parce qu'elle était toujours à l'heure, sérieuse, investie et, surtout, elle était capable de se remettre en question. La première fois que je l'ai vue, j'ai été évidemment marqué par son gabarit mais aussi surpris par ses qualités qui, parfois, ne vont pas avec un tel corps : elle avait les deux pieds, la culture tactique et à part la relance longue et le jeu de tête offensif, je n'avais pas grand-chose à lui apprendre. Au début, je lui avais demandé de jouer sur un côté, comme latérale, pour qu'elle apprenne mais très vite, elle s'est montrée au-dessus et je l'ai remise dans l'axe. Et quand Sonia Bompastor, ma première capitaine, a pris sa retraite en 2013, le brassard revenait évidemment à Wendie car elle dégage une force sur et en dehors du terrain auprès de ses coéquipières. Avec sa coupe de cheveux, elle fait même peur à ses adversaires ! Elle est capable de parler d'égal à égal avec le président Aulas, d'échanger avec les supporters en toute simplicité, d'apporter un plus dans la cohésion de l'équipe et quand Philippe Bergeroo, le sélectionneur de l'équipe de France m'a appelé pour me demander mon avis, je lui ai dit d'y aller, qu'elle ferait une super capitaine des Bleues. Je ne comprends d'ailleurs toujours pas qu'on lui ait retiré le brassard car c'est une leader capable de secouer un groupe, sans avoir besoin de beaucoup parler, en quelques mots seulement. Avec elle, il n'y a pas d'hypocrisie, elle vous dira toujours en face ce qu'elle pense. On n'était pas toujours d'accord mais on échangeait, on se disait les choses et c'est la meilleure façon de respecter les gens. J'aime ça, son caractère, sa capacité à réagir tout de suite quand on lui fait une vacherie. Mais, au moins, avec Wendie, il n'y a jamais de coup de couteau dans le dos.

LES BLEUES : LES DÉBUTS

De toute mon enfance, je n'ai jamais eu un maillot de football autre que celui de mon club. J'avais pourtant des idoles comme Zizou, je rêvais de porter la tunique de l'équipe de France, même une fausse, mais c'était trop cher et il m'était inconcevable de demander à mes parents de m'en acheter une. Alors, le premier vrai maillot bleu que j'ai eu entre les mains, c'est celui que j'ai porté avec les U19 en 2007 à l'occasion de ma première sélection. Et je l'ai gardé d'ailleurs, il a une valeur particulière, il me rappelle les 8 000 kilomètres parcourus entre mon île et la Métropole, les sacrifices, les combats, le travail, ce rêve dont j'avais fait part à ma mère : « Un jour, tu me verras sous ce maillot bleu. » J'avais 8 ans à l'époque mais j'étais sérieuse, je m'en souviens comme si c'était hier et ma mère rigolait, se moquait de moi : « On verra, on verra. » Mais je savais que je donnerais tout pour y arriver, portée par cette conviction de réussir dans le football, pas pour l'argent, on ne pense pas à ça quand on est enfant, mais pour les titres, le plaisir, et revêtir le maillot de mon pays frappé du coq. Chacun rêve de représenter son pays mais ce n'est pas donné à tout le monde, ne serait-ce qu'une fois. Pourtant, il n'y a rien de plus beau et mes meilleurs souvenirs sont attachés à la Coupe du monde 98, quand, sur ma petite chaise jaune, installée dans le salon de mes parents, j'ai vu les garçons soulever le trophée, j'en ai pleuré. À chaque but, je sortais sur le parking de la cité où je vivais, je courais dans tous les sens, comme tout le monde d'ailleurs, puis je revenais suivre de nouveau le match. Les gens, avec leurs drapeaux, chantaient, criaient, klaxonnaient, comme pour une fête nationale. Pendant les grandes compétitions sportives, les Antillais vibrent pour leur pays, ils ressentent une vraie fierté d'être Français. Le foot procure tellement d'émotions, il te fait oublier tout et même si tu n'as pas joué, si tu n'as pas été acteur de ce titre, tu te sens champion du monde.

Quand ma convocation pour la sélection des U19 est parvenue à l'OL, en octobre 2007, j'ai été dans un premier temps surprise, tout arrivait si vite. Je vivais en Métropole depuis quelques mois seulement mais Farid m'avait conseillé de me tenir prête, d'avoir comme objectif la Coupe du monde des 20 ans même si avec mon âge, 17 ans à l'époque, j'allais être surclassée. Sans m'enflammer, je ne pouvais pas m'empêcher de penser que la prochaine étape après les U19 serait les U20 et après les U20, la grande équipe de France. Et comme tout allait vite depuis mon arrivée un an auparavant… C'est Farid lui-même qui m'a transmis la convocation sur laquelle, je m'en souviens, toutes sortes d'informations apparaissaient : l'heure du rendez-vous, des conseils comme penser à prendre ses crampons mais aussi un maillot de bain au cas où il y aurait une piscine à l'hôtel… Ma mère était contente d'apprendre ma première sélection mais elle l'abordait de façon plus pratique, elle posait plein de questions : « Où a lieu le match ? Contre qui ? Qui est convoqué avec toi ? Avec qui es-tu en chambre ? » Alors que je n'étais même pas encore au rassemblement ! Elle me rappelait aussi de poursuivre avec les mêmes valeurs, respect et travail, que le reste viendrait tout seul, sans angoisse. Cette première sélection avec le coach Stéphane Pilard pouvait pourtant déterminer la suite de ma carrière et si je me loupais, il était possible que je ne revienne plus jamais car il y avait une sacrée génération de joueuses à l'époque. Et de mon côté, je n'avais rien prouvé, tout restait à faire, je devais montrer à chaque rassemblement mes qualités, que je méritais d'être là et de revenir, surtout. Je n'avais pas vraiment eu le temps de cogiter car pour mes premières minutes en bleu, certes un match amical, j'étais titulaire contre une grande nation du foot, l'Angleterre, chez elle en plus, à Harrogate, au nord de Leeds. Ce soir-là, dans le froid, le terrain était tellement gras que, pour le préserver, les dirigeants anglais ne nous avaient pas autorisées, la veille, à nous entraîner dessus. On avait affronté une belle opposition dans un stade typiquement anglais avec une seule tribune, un champ en face et derrière les buts, des filets d'un côté et l'endroit dont on sortait des vestiaires, de l'autre. Le contexte, champêtre, ne faisait pas très professionnel mais pour ma première sélection en jeunes, peu m'importait. Je me souviens qu'en face, il y avait une sacrée joueuse, Jessica Clarke, qui ce soir-là, était en feu. Pourtant défensivement on s'en est plutôt bien sorties. Malgré l'agressivité adverse face à laquelle le sélectionneur nous avait mises en garde, nous avons gagné 3-1. Je me souviens cependant moins du match que de l'hymne, mon premier, celui avec lequel j'ai un rapport particulier depuis toute petite, depuis que je le partageais avec mon papa devant les matches de l'équipe de France. La première *Marseillaise*, même en sélection de jeunes, te pousse encore plus à produire le meilleur, à représenter ton pays, à faire honneur à ce maillot. Un sentiment qui ne me quitte pas, des émotions que, plus de dix ans après, je revis à chaque rencontre de l'équipe France, dès que j'entends les premières notes. C'est en moi, je ne calcule pas, que ce soit en jeune ou en A, la fierté est la même, celle de pouvoir rendre heureux tous les gens qui ont cru en moi, en Martinique, qui ont misé sur moi en Métropole ensuite. Cette première sélection, ce premier maillot bleu, leur démontraient qu'ils ne s'étaient pas trompés, c'était aussi une récompense pour eux. Le danger, vu mon histoire très personnelle avec cet hymne, était que mes émotions me débordent mais une fois la *Marseillaise* jouée, j'ai rapidement basculé vers la rencontre, avec une concentration totale pour sortir un gros match. Comme toujours, j'observais, je voulais performer, avant de pouvoir viser plus haut encore.

Car mon rêve n'était pas seulement de rejoindre les U19 ou les U20, j'avais en tête, un jour, d'évoluer avec les A, de gagner la Coupe du monde mais je savais aussi que, comme dans la vie, il fallait passer par des étapes, qu'il ne fallait pas les sauter. On apprend en tombant, en perdant et la première désillusion n'allait pas traîner avec la sélection des U19, à l'occasion d'un championnat d'Europe de la catégorie, organisé en France en plus, à Blois. Cette première grande compétition m'a permis de cerner les difficultés du haut niveau, l'exigence qu'il nécessite car nous avons été éliminées dès le premier tour après avoir battu l'Espagne mais perdu contre l'Italie et fait match nul face à la Norvège. La déception était d'autant plus grande que ma mère était venue en Métropole. Certes, on en avait profité pour se voir, pour faire un peu de tourisme pendant nos temps libres mais, sur le terrain, l'expérience a été difficile à vivre, on ne voulait pas sortir si vite du tournoi devant nos familles. C'était une première expérience dans la compétition internationale, et à mes yeux, il y avait beaucoup d'enseignements à tirer de ce championnat d'Europe. Stéphane Pilard a laissé sa place à Jean-Michel Degrange chez les U19 et, avec lui, nous sommes parties disputer le Tournoi de la Manga, en Espagne. À chaque rassemblement, le nouveau coach nous demandait d'inscrire sur un papier les postes auxquels on voulait évoluer, au moins deux. À chaque fois, je mettais numéro 4 et numéro 5, c'est-à-dire défenseure dans l'axe, et à chaque fois, il me faisait jouer… numéro 11, c'est-à-dire ailière gauche ! Ce sélectionneur, qui notait son équipe sur vingt lors des causeries d'après-match, parlait toujours de déséquilibre, c'était un peu bizarre, encore plus quand il ne me faisait pas jouer à mon poste. Il trouvait que j'étais nulle dans la relance et que je manquais de vitesse derrière. À mon avis, jouer au poste d'ailière demande aussi de la rapidité. On a atteint un point de non-retour lors du championnat d'Europe suivant qui s'est joué sur deux tours. Lors du premier, au Portugal, en avril 2009, nous étions passées, après avoir remporté nos trois matches mais lors du second tour, à Minsk, en Biélorussie, je ne sais pas ce qui s'est passé : après une défaite inaugurale contre l'Allemagne (1-2) puis une victoire facile face au pays hôte (3-0), après avoir battu la Suisse 2-0, il a décidé, pour la demi-finale contre la Suède, de faire tourner ! Avec Solène Barbance, Léa Rubio, Pauline Crammer, nous étions sur le banc, je ne suis même pas entrée en jeu ! On a perdu en prolongations 5-2 après avoir mené 2-1 !

J'ai basculé ensuite avec les U20 de Stéphane Pilard pour disputer la Coupe du monde en novembre 2008, au Chili. Là encore, on a mal débuté face aux Américaines qui nous ont sèchement battues 3-0 mais ensuite, nous avons remporté nos deux matches et pu accéder à la demi-finale contre la Corée du Nord, perdue seulement 2-1, dans les arrêts de jeu… Cette fois, j'ai évolué à mon poste, arrière centrale, mais l'arrivée, quelques mois plus tard, de Jean-Michel Degrange à la tête des U20 a mis un terme à mon aventure dans cette catégorie d'âge. J'ai eu une sélection avec lui, un match amical perdu contre la

Suède en mai 2010 mais je ne prenais plus de plaisir, j'étais malheureuse à l'idée de rejoindre l'équipe de France, ce n'était pas normal. Je me sentais nulle au poste qu'on m'imposait, même si je faisais de bons centres du gauche ! Une nouvelle Coupe du monde des U20 se profilait en juillet mais nous avons eu un entretien un peu avant afin de savoir comment on voyait la suite. Clairement, je lui ai dit : « Si vous sélectionnez les joueuses en fonction de leurs performances en club, ce n'est pas la peine de me prendre parce qu'avec Lyon, je joue défenseure centrale. Et pas ailière gauche où j'estime qu'en France, il y a meilleure que moi. » Dans ce contexte, il valait mieux qu'il me laisse à la maison. Et c'est ce qu'il a fait ! Cela ne m'a pas dérangée, cela ne servait à rien d'insister, de faire semblant. À partir du moment où je lui ai dit, en face, ce que je pensais de tout ça, je savais qu'il ne me retiendrait plus « à cause de mon comportement », comme il l'a raconté à tout le monde. Mais quel comportement ? J'ai simplement été adulte, et dit les choses. Est-ce que j'ai craint qu'on me fasse une mauvaise réputation ? Non car j'avais dit les choses avec respect, j'avais été honnête avec le groupe car je ne me trouvais pas performante à ce poste que je ne connaissais même pas et que m'imposait le sélectionneur. Dommage pour moi, j'ai raté une Coupe du monde, et je savais que cette histoire allait remonter aux oreilles du sélectionneur des A, Bruno Bini. Heureusement, Farid Benstiti, mon entraîneur à Lyon, qui s'entendait bien avec Bruno, m'a demandé des explications sur cette situation et il a pu le rassurer sur mon état d'esprit, lui donner la bonne version, car évidemment, Degrange a essayé de faire croire que j'étais une fouteuse de merde. Moi, je savais que j'étais une fille honnête, que j'avais réagi avec respect. Si on veut atteindre le haut niveau, il faut savoir dire les choses.

Cette mauvaise période n'a duré que quelques mois et Bruno Bini n'a pas tenu compte de ce qui s'est passé à la fin chez les U20. Dès mars 2011, j'ai même été rapidement rassurée quand, après un match à Gerland contre Juvisy, en rejoignant ma voiture, j'ai vu Bruno à la sortie du vestiaire. Au moment de me saluer, il me lance : « Bon ma grande (il m'a toujours appelée ma grande), tu es prête ? » Avec un petit sourire gêné, je lui ai répondu : « Comment ça je suis prête ? » Intérieurement, je rigolais, j'étais heureuse, j'avais compris et, en même temps, je renvoyais l'image d'un visage fermé qui s'interrogeait : « Qu'est-ce qu'il va m'annoncer ? » Bruno a alors précisé sa pensée : « Au prochain rassemblement, tu viens avec nous. » À la fois sous le choc et excitée, je n'avais toujours pas de réaction, j'ai lâché : « Ok, on verra. » Tant que la liste n'était pas officialisée, je ne pouvais pas sauter de joie.

Mais, en réalité, j'étais super heureuse et, dans la voiture, j'ai immédiatement appelé Fred qui a eu la même attitude que moi : « Ok, on patiente. » Je ne l'ai dit à personne d'autre que Fred, pas même à ma mère. Imaginons qu'au moment de l'officialisation de la liste, finalement, je ne sois pas dedans ? Quand la liste est sortie dans la presse, soulagée, je me suis dis : « Enfin ! Le sélectionneur ne m'avait pas menti ! » Mais comme je suis une insatisfaite permanente, je n'ai pas eu le temps de savourer, j'en voulais toujours plus. Au premier rassemblement au Château de Clairefontaine, impressionnant car tu montes d'un cran, c'est l'équipe A quand même, je me suis dit : « Tout commence maintenant. » Par chance, je connaissais pas mal de filles car il y avait un gros noyau lyonnais et mon intégration s'est faite naturellement. On a pris le TGV jusqu'à Paris puis un taxi en direction de Clairefontaine et, dans la voiture, mes coéquipières de club m'ont expliqué le fonctionnement, j'avais juste à suivre le mouvement. Bruno, au cours de nos premières discussions où j'avais ressenti beaucoup d'honnêteté, m'avait aussi mise à l'aise et pour moi, c'était important. On était logées au troisième étage du château, je m'en souviens bien car il fallait monter les escaliers après les séances d'entraînement alors qu'on était épuisées ! Mais la bâtisse impressionne autant par son confort que son prestige. On n'arrive pas au château par hasard mais au mérite : toutes les joueuses retenues ont beaucoup travaillé. Au niveau de l'encadrement, on sent également qu'on passe un cap, tout est plus pro, dans l'excellence, jusqu'aux équipements qui sont lavés, pliés et mis à notre disposition alors qu'en U19, on pouvait faire une semaine avec le même survêtement !

Un vrai luxe mais là encore je ne pense pas trop à ça, je suis encore dans l'insouciance, je ne me pose pas de question. Évidemment, en étant appelée en mars, à quatre mois de la Coupe du monde en Allemagne, je me disais bien que le sélectionneur avait un œil sur moi mais jamais je n'ai pensé que j'allais en être. Pour une fois, j'étais déjà contente d'être là, je profitais de cette chance, ce que je n'avais pas toujours su faire. J'avais une carte à jouer même si je n'étais pas forcément prête pour le niveau international malgré de bonnes performances en club. D'ailleurs, et on le verra plus tard, ma Coupe du monde sera catastrophique à titre individuel même si, collectivement, le parcours sera top. Mais avant l'Allemagne, direction Chypre et son tournoi, amical mais réputé, où pour ma première sélection avec la France, nous avons affronté la Suisse dans un très beau stade de Nicosie, ouvert à tous les vents mais surtout vide, à peine cinquante spectateurs ! J'ai vécu intensément une *Marseillaise* qui résonnait creux dans cette enceinte, on l'entendait à peine, mais j'ai réalisé : « Je suis en équipe de France A. » En cinq ans, la progression était belle mais le plus dur restait à venir, face à des adversaires de bon niveau. J'aurais préféré débuter en France, devant plus de spectateurs, mais l'essentiel était de commencer avec les Bleues et, contre la Suisse, j'ai eu de bonnes sensations, j'ai réalisé de belles choses, d'autres moins bonnes. Quand Bruno m'a remplacée, je n'étais pas contente de mon match. Après la rencontre, les « anciennes », Louisa Necib, Sandrine Soubeyrand ou Élodie Thomis, sont venues me voir pour me réconforter, me dire que j'étais trop exigeante : « Tu n'as pas été mauvaise, ne te prends pas la tête. Les premières sont toujours difficiles. » Avec le recul, j'avais réalisé une bonne performance mais je me sentais capable de beaucoup mieux car je voulais vraiment faire mes preuves. Bruno m'a rassurée, il m'a expliqué qu'il était normal de faire des erreurs, que je ne devais pas être trop pressée, trop exigeante. Mais je suis comme ça, il le savait car il discutait beaucoup avec Farid. En réalité, le vrai moment de stress de ce Tournoi n'a pas eu lieu sur le terrain mais en dehors car, à l'issue d'une première sélection, la tradition veut qu'on chante ! Un bizutage sympa mais stressant lorsque Bruno m'a lancé à la fin du repas, le soir : « Tu vas chanter. » Je lui ai demandé alors d'aller chercher une petite enceinte pour m'accompagner mais je l'ai senti énervé par cette demande : « Tu as cinq minutes, cours ! » Quand je suis revenue, il m'a demandé de monter sur la chaise, je ne voulais pas au début ! J'ai fini par chanter un morceau de zouk, « Ma dulcinée » de Kingsley, qui rappelait mes racines. Beaucoup de filles m'ont demandé ce que c'était, j'étais heureuse de faire connaître un son de chez moi, de les voir l'écouter ensuite. Bruno, lui, avait retrouvé son sourire, il était content de mon intégration. Le sélectionneur est un sacré personnage et je ne suis pas prête d'oublier sa première causerie ! Je me rappelle avoir regardé Louisa, interloquée, et lui avoir dit : « Ah mais ça se passe comme ça ? » Quand on commence par Patrice Lair et son rentre-dedans et qu'on découvre Bruno qui nous faisait chanter « La tactique du gendarme » de Bourvil à quelques heures d'un match, c'est particulier. Son approche pouvait être à la cool, une réflexion se dégageait derrière. Les passages des livres qu'il citait avaient toujours un lien avec nos vies, nos matches à venir, la notion de groupe. Il faisait passer ses messages différemment et j'ai toujours respecté sa manière de travailler car il insistait sur l'idée qu'on ne devait pas avoir honte de rire de nous-même. Je n'avais jamais vu ça mais c'était Bruno et plutôt que de me braquer, j'avais décidé d'apprendre de cette nouvelle méthode. Et, le plus important, c'était le terrain.

À Chypre, je n'ai pas été titulaire lors de la deuxième rencontre face aux Pays-Bas qu'on perd (2-1) contrairement au troisième match, ce qui m'a confortée, cela signifiait que le coach était derrière moi, qu'il ne s'était pas arrêté à mes erreurs face à la Suisse. Entre les deux, j'avais décidé, aux entraînements, de mettre encore plus de rigueur, d'être plus concentrée et j'ai vécu chaque séance comme un match de compétition. Le bilan de ce tournoi était plutôt bon finalement puisque j'avais été titularisée sur trois des quatre rencontres, j'avais effectué une entrée. Pour un premier rassemblement avec les Bleues, c'était bien. Mon retour à Lyon, mon club, fut plein d'espoir, mais j'avais conscience que la concurrence était terrible, qu'il y avait beaucoup de monde au poste de défenseure centrale, que je partais de loin face à Ophélie Meilleroux, Sabrina Viguier, ou Laura Georges, des joueuses beaucoup plus expérimentées que moi, riches de plusieurs sélections. À niveau à peu près égal, entre une jeune joueuse, comme moi, et une autre expérimentée, le coach choisit logiquement la seconde à moins d'être une crack. Je les savais donc devant moi sans les voir comme des « concurrentes ». Je n'aime pas ce mot car on est une équipe, on se tire les unes les autres vers le haut, on a toujours besoin des coéquipières pour gagner, pour devenir meilleure, pour être poussée dans ses retranchements. Comme Bruno n'aimait pas changer son groupe, j'ai pensé que la prochaine liste nous dirait si j'allais disputer le Mondial ou pas. Il me restait quelques semaines pour forcer la décision mais le fait de m'entraîner à Lyon avec de grandes joueuses comme Louisa Necib ou Camille Abily avait dû jouer en ma faveur, j'avais été confrontée au quotidien au très haut niveau même si l'équipe de France se trouvait encore un cran au-dessus. J'avais revu tous mes matches à Chypre et constaté une vraie différence de niveau de jeu, d'agressivité. En club, quatre ou cinq très bons éléments encadrent de bonnes joueuses mais en sélection, tu prends les meilleurs éléments de chaque club. Cela implique plus de concentration, de rigueur défensive, tu ne peux jamais te dire : « Ça va aller, tranquille. » Quand la seconde liste est tombée pour affronter l'Écosse au Havre, et que j'ai vu mon nom, j'ai commencé à croire en mes chances de disputer le Mondial en Allemagne. Je les estimais à 85 % mais comme je n'avais disputé que des bouts de matches, que je n'étais pas installée, tout pouvait arriver : une méforme, une blessure, un choix du coach. Tant que tu n'enchaînes pas les quatre-vingt-dix minutes, tu peux « bouger » à tout moment. J'étais déjà contente de jouer un peu à chaque match mais quand tu es compétitrice comme je le suis tu as envie de plus. Surtout, j'avais senti la confiance de Bruno, je voulais lui rendre sur le terrain : il m'avait tendu la main, c'était à moi de démontrer ensuite qu'il ne s'était pas trompé. Puis la liste pour le Mondial en Allemagne a révélé les noms, j'étais dans le groupe. La petite fille assise sur sa chaise jaune du salon familial pendant la Coupe du monde 98 allait, à son tour, en disputer une.

TÉMOIGNAGE

BRUNO BINI

sélectionneur de l'équipe de France de football de 2007 à 2013, demi-finaliste de la Coupe du monde en 2011 et des JO en 2012.

Avant que je ne voie Wendie pour la première fois, on m'avait parlé d'elle, beaucoup. Quand j'ai repris l'équipe de France en 2007, Jocelyn Germé, CTR de la Martinique, m'avait dit : « Tu vas voir, il y a une petite à Lyon, ça va être très fort. » Plus tard, à l'occasion d'un Dijon-Lyon que j'étais venu superviser, Farid Benstiti m'avait confié la même chose : « J'ai une gamine avec moi, elle ne joue pas encore mais elle s'entraîne avec nous. Tu vas voir, c'est très fort. » Et j'ai vu, cette grande fille, avec son air déterminé. Mais je n'ai pas pu la prendre tout de suite avec les A, j'étais un peu coincé car elle

n'était pas sélectionnée avec les U20 alors qu'elle était titulaire dans son club avec lequel elle gagnait tout en France. Elle avait même été finaliste de la Ligue des champions cette saison-là. Imaginez le PSG qui gagne tout, qui fait finale de C1 et un de ses titulaires ne participe pas à la Coupe du monde de son âge… Mais c'était incompréhensible. Si je la convoquais avec moi alors qu'elle n'était même pas dans le groupe des U20, je mettais le feu à la Fédération vis-à-vis du sélectionneur des jeunes…
Puis, un jour, après quelques mois, j'ai fini par la rencontrer pour lui annoncer : « Prépare-toi, tu vas venir au Tournoi de Chypre avec nous. » Et, au fond de moi, je pensais, « et ton bail va être long ». Avec Laura Georges, elle a formé ma garde noire comme Jean-Pierre Adams et Marius Trésor chez les garçons dans les années 70. Mais je ne tire aucune gloriole de l'avoir prise, c'était tout simplement évident qu'elle rejoigne l'équipe de France A. Elle offre un tel confort dans une équipe, sur le plan défensif bien sûr mais offensivement aussi car elle est devenue un danger permanent pour les autres en marquant but sur but. Quand je la prends pour le Mondial en 2011, je sais que ça va faire la maille car elle joue depuis deux ans au plus haut niveau avec Lyon, elle a été championne de France, elle a gagné la Ligue des champions… La seule interrogation était de savoir si elle allait bien s'intégrer dans le groupe des Bleues mais Farid m'avait garanti que c'était une fille en or. On jouait sur du velours d'autant qu'elle a une force intérieure phénoménale, elle fait partie de ces sportives qui décident

un jour de réussir et qui réussissent. Les gens pensent qu'elle est lymphatique, ce sont des conneries, elle est au contraire perfectionniste, très exigeante, rarement contente de ce qu'elle produit. C'est une guerrière, avant, pendant et après, pas du style à brûler ce qu'elle a adoré, ni à être calculatrice pour se démarquer d'un ancien sélectionneur pour plaire au nouveau. Elle a toujours été une de mes fidèles et ce n'est pas un hasard si nous sommes toujours en contact. Elle est capable de m'appeler, de me dire « Bruno, ça fait longtemps qu'on ne s'est pas vus » et de prendre sa voiture pour, sur un jour de repos, venir déjeuner avec moi, parler de la vie, rigoler. C'est une personne adorable, une très grande personne, une des trois ou quatre belles rencontres de ma carrière d'entraîneur. Wendie, c'est Wendie.

La vie ne lui a pas fait trop de cadeaux, elle met un peu de temps avant de donner sa confiance et son amitié, elle aime bien observer avant de prendre une décision, elle ne fait rien dans l'urgence, dans sa relation aux autres. Elle a besoin de vrais moments de solitude afin de pouvoir réfléchir au sens qu'elle souhaite donner à sa vie, sur le plan sportif et humain, aussi. C'est plus de la pudeur que de la méfiance. Dans toutes ses déclarations, elle tire rarement la couverture à elle, elle ne se prend pas pour le centre du monde, elle est pleine d'humilité malgré son palmarès, ce qui n'est pas le cas de tous les joueurs et de toutes les joueuses. Et ce n'est pas fini, elle n'a que vingt-neuf ans, elle va exploser les compteurs en termes de sélections et de titres car elle se gère bien, elle est rarement blessée, ne boit pas, ne fume pas, ne sort pas ! Pour moi, c'est la plus forte. Si aujourd'hui, je suis à la tête d'une équipe, je ne l'échange contre aucune autre arrière-centrale au monde ! Si elle évoluait à un autre poste, elle serait d'ailleurs Ballon d'Or depuis un moment… Je l'ai toujours appelée « ma grande » avec beaucoup d'affection. Quand je vois ses matches à la télévision, qu'elle est brillante, je lui dis même « bravo ma très grande » car elle l'est par le talent.

MA PREMIÈRE COUPE DU MONDE

Le soleil avait eu le temps de taper toute la matinée du 26 juin 2011 quand nous sommes arrivées, vers 13 heures, au stade Rhein-Neckar-Arena, à Sinsheim. Habituées aux ambiances confidentielles de la plupart des enceintes où nous avions joué ces dernières années, nous n'étions pas préparées à cette haie humaine, fervente, entourant notre car aux couleurs bleu-blanc-rouge de la France qui tentait de se frayer un chemin jusqu'aux coursives. Des centaines de supporters et supportrices français avaient traversé la frontière, parcouru des kilomètres, dépensé de l'argent pour se loger et acheter des places, juste pour nous, alors qu'on ne les connaissait même pas. On les entendait crier « Allez les

Bleues ! », on les voyait applaudir et ce furent mes premières émotions de cette Coupe du monde. Même si elle se déroulait en Allemagne, nous sentions leur enthousiasme et, portées par ces sentiments, nous n'avions déjà qu'une envie : leur rendre cette énergie, gagner pour eux. À quelques heures de cette première rencontre face au Nigéria, je me sentais, comme mes coéquipières, pousser des ailes. On devait un respect énorme à tous ces fans et la moindre des choses était de mouiller le maillot, de se dépasser sans aucune autre pression puisque personne ne nous attendait vraiment et que Bruno Bini avait su instaurer un climat détendu, un quotidien basé sur le plaisir, une notion sur laquelle il insistait. Les règles étaient assez cool, on avait élu domicile dans un hôtel du centre de Heidelberg, certaines avaient pris le temps d'aller faire un peu de shopping. Rien ne laissait penser que nous allions disputer un Mondial, jusqu'à cette arrivée, donc, à Sinsheim où 25 000 spectateurs avaient pris place dans le stade. La Coupe du monde débutait vraiment, sous une chaleur écrasante, dans une enceinte pleine, à deux pas du Musée de l'aviation, et la tension montait à l'approche de la rencontre, la plupart d'entre nous n'ayant jamais disputé de match dans une compétition aussi prestigieuse, à part notre capitaine, Sandrine Soubeyrand, en 2003. Une fébrilité ressentie tout au long des quatre-vingt-dix minutes et, face à des Nigérianes combatives et agressives, nous avons souffert, seulement libérées par un but de Marie-Laure Delie, sur une reprise un peu à l'arraché. Mais cette victoire nous a fait du bien, elle nous a permis de nous lâcher.

Sur le plan personnel, à un poste de latérale droit où j'avais été titularisée, j'ai été d'autant plus en difficulté que je me suis blessée à la suite d'un corner, une douleur aux adducteurs qui m'empêchait de courir, de faire une passe... Bruno n'a pas hésité à me remplacer pour ne prendre aucun risque. Sur le coup, j'ignorais le type de ma blessure et j'ai eu très peur que ma Coupe du monde soit finie, je pensais même devoir rentrer à la maison, rater toute la fête pour laquelle je m'étais préparée depuis des mois. Frustrée, je trouvais ça rageant mais cela ne servait à rien de faire la dure, de mettre en danger l'équipe et Laure Lepailleur est entrée à ma place, assurant parfaitement la suite. Le lendemain, le staff médical m'a rassurée, deux ou trois séances de kiné suffiraient à me remettre sur pied et Bruno m'a laissée au repos deux ou trois jours. Malheureusement, mon élan était coupé alors que je sortais d'une grosse saison avec Lyon, que je me sentais bien sur le plan physique et psychologique, jusqu'à cette blessure. Aujourd'hui, je connais bien mon corps et je sais comment cette blessure peut arriver : mon bassin bouge et cela tire de partout, je compense et je me blesse. Peut-être aussi que le contexte a joué, entre l'accumulation des rencontres tout au long d'une saison qui nous a menées jusqu'au triplé avec l'OL, l'attente avant le Mondial puis la pression du début… Pendant une Coupe du monde, les sensations sont multipliées par quatre. Et dans les tribunes, il y avait ma mère, Fred aussi et des jeunes joueuses martiniquaises que j'avais invitées. Fred avait eu l'idée de cette opération lors du dernier rassemblement de l'équipe de France. « Sauf catastrophe, tu feras le Mondial. Est-ce que ça te dit qu'on organise un jeu au pays avec la radio RCI pour que des filles aient l'opportunité de venir en Allemagne ? » J'avais accepté, évidemment, car moi-même j'aurais adoré vivre ça à leur âge. On avait trouvé les subventions, les amis comme Sidney Govou et Emmanuel Rivière nous avaient aidés également, et onze filles, comme une équipe de football, avaient gagné le droit de nous suivre pendant près d'un mois. Elles étaient même venues à Clairefontaine quelques jours avant le départ pour l'Allemagne, encadrées par ma mère, ma tante aussi, ce qui faisait une grosse délégation, surtout qu'après les matches, elles me rejoignaient à l'hôtel où elles accueillaient avec beaucoup d'ambiance notre car. En réalité, elles ont découvert la compétition en même temps que moi, sauf que j'étais sur le terrain, elles en tribune où on stresse peut-être encore plus. Les filles m'apportaient de la confiance, de la force aussi, je ne me sentais pas seule. Elles avaient parcouru 8 000 km pour venir ici en Allemagne, il était hors de question de les décevoir, ni ma mère. Mon but était de leur montrer la voie, que tout est possible, qu'on vienne de Guadeloupe, de Martinique, de Thaïlande ou de Métropole, du moment qu'on s'arrache, qu'on se donne les moyens de réaliser ses rêves.

Pour la suite de la compétition, Bruno a décidé de faire le choix de l'expérience et je n'ai pas joué le second match contre le Canada qu'on remporte facilement (4-0). Que je sois sur le terrain ou sur le banc, ce Mondial reste une expérience enrichissante, même si, bien sûr, j'aurais préféré jouer plus mais, avec ma blessure et les filles qui avaient performé, il était logique que le sélectionneur ne change pas sa défense. En revanche, comme nous étions déjà qualifiées, il a décidé de faire tourner un peu contre l'Allemagne pour la dernière confrontation du groupe, ce qui m'a permis de débuter. Dans le magnifique Borussia-Park de Mönchengladbach, avec 45 000 spectateurs et même s'ils sont contre nous, l'ambiance est top. Enfin, on dispute une grosse affiche, contre le pays hôte. Et, ce jour-là, je prends une leçon, à tous les niveaux, j'ai grandi d'un coup. Car, contre l'Allemagne, j'ai été catastrophique, j'ai commis des erreurs qui ne pardonnent pas. Elles n'étaient pas flagrantes, c'étaient de petits détails comme être à un mètre de son attaquante ou une mauvaise communication avec sa gardienne, mais on les a payées cash. Sur le premier but, je suis impliquée car on ne s'est pas comprises avec Bérangère Sapowicz, notre gardienne. Dans ce stade bruyant, on ne s'entendait pas parler, j'ai laissé passer le ballon, pensant qu'elle gérait mais « Sapo » n'est pas sortie. Dans notre dos, une grande joueuse, Grafekes en a profité et marqué au second poteau… Dans la foulée, un centre tendu, sur lesquels il est toujours difficile de défendre, on prend un deuxième but par Grings. J'ai également pris un avertissement à l'heure de jeu pour une faute inexistante. Le haut niveau, c'est ça, aussi, des détails, du vice… Juste après, « Sapo » a été expulsée et nous avons encaissé un troisième but sur penalty. Pourtant, nous étions revenues à 2-1 par Marie-Laure Delie puis à 3-2 avec la tête de Laura Georges mais le quatrième but allemand, à une minute de la fin, nous a tuées, après beaucoup d'efforts à dix contre onze.

Mais, de cette défaite, on pouvait ressortir des motifs d'espoir car nous n'avons pas été ridicules, nous sommes seulement tombées sur des joueuses allemandes qui, comme aujourd'hui, ont une occasion et la mettent au fond. Pour la première fois, je les jouais en sélection et j'ai pu rapidement observer leur expérience, la qualité de leurs appels/contre-appels, des petites choses qui font la différence. À vingt-et-un ans, je m'en rends compte aujourd'hui, je n'étais pas prête, je n'avais pas leur vice, pas le recul nécessaire sur le terrain pour anticiper les choses. Je me suis retrouvée face à des joueuses comptant des dizaines de sélections, des monuments du foot allemand qui voulaient marquer l'histoire, chez elles. Elles n'ont pas fait de sentiment : si elles pouvaient nous marcher dessus, elle le faisaient. Une défaite contre l'Allemagne n'est jamais acceptable, surtout en Coupe du monde, mais Bruno a cherché à dédramatiser tout de suite (« si on veut aller plus loin, il faudra gommer certaines erreurs ») et, très vite, il a basculé sur le rendez-vous suivant, le plus important, puisque c'était le quart de finale contre l'Angleterre. Il est resté positif, cela ne servait à rien de se prendre la tête parce que nous avions perdu contre les Allemandes, chez elles. Cela aurait pu tirailler le groupe, mettre une mauvaise ambiance mais le staff a été bon. Si nous avions été éliminées, tout aurait été évidemment beaucoup plus difficile mais on avait fait le nécessaire pour ne pas en arriver là. Nous n'avons jamais cité d'objectif à l'époque, l'idée était de prendre du plaisir, de profiter mais on avait tellement de joueuses expérimentées, habituées des titres, qu'on avait soif de victoire, on y croyait, d'autant plus que nous sortions d'une saison avec un triplé à la clé du côté de Lyon. À l'entraînement, naturellement, on se donnait à fond et même si l'équipe de France et les clubs représentaient deux entités différentes, notre série positive avec Lyon avait déclenché des envies : « Allez on continue sur le plan mondial. » On se connaissait presque toutes par cœur, nous n'avions pas besoin de parler parfois, on se comprenait d'un geste, d'un regard. De mon côté, en raison de mon statut de petite jeune et de remplaçante, j'observais beaucoup, j'encourageais sur le terrain, j'applaudissais mais je restais discrète comme Sandrine Soubeyrand notre capitaine : elle non plus ne parlait pas beaucoup mais en un mot, tu la comprenais. Elle m'a toujours donné des conseils, jamais de grands discours ni de grandes phrases, un ou deux petits mots, une tape dans le dos, un regard. J'ai toujours eu un profond respect pour Soub', on se ressemble un peu, elle est timide et réservée comme moi tout en étant assez à l'aise avec les autres. Sur le terrain, elle savait jouer devant la défense, assurait le tempo, savait faire la faute au bon moment, mettre le pied. J'ai essayé de lui prendre tout ça. Je ne me forçais pas à être respectueuse, c'était naturel, lié à mon éducation mais c'est vrai que j'avais encore plus de respect pour les « anciennes ». Depuis toute petite, je traînais avec des gars plus grands que moi, au niveau familial aussi, je restais toujours avec les adultes, mes parents, ma tata, mes grandes sœurs. Cette maturité vient de là, de ce que j'ai vécu : tu grandis plus vite, tu comprends plus vite, tu avances. Et si j'ai gardé encore beaucoup de contact avec des anciennes joueuses, c'est que je dois être quelqu'un de bien, non ?

Pourtant, après l'Allemagne, certaines ont voulu tout me mettre sur le dos, notre gardienne Bérangère Sapowicz notamment car elle n'a pas pris ses responsabilités après notre défaite. Sandrine Brétigny et Cécile Deville sont, elles, venues me voir pour me dire que, du banc, elles avaient bien vu que je n'y étais pour rien, que Sapo avait hésité à sortir sur le premier but, qu'elle aurait dû y aller. Comme dans la vie de tous les jours, tu ne t'entends pas avec tout le monde mais le plus important, c'est de se respecter, de ne pas être faux. Et Bruno gérait super bien son groupe, il le recadrait quand il fallait. Ce Mondial est un apprentissage sur tous les plans, il m'a fait progresser même si j'aurais préféré une ascension, pas plus rapide, mais plus propre. Car, très vite, je comprends que c'est mort pour jouer l'Angleterre en quart de finale, que Bruno va mettre des joueuses d'expérience. Du fait des critiques qui ont suivi l'Allemagne, il m'a mise sur le banc, je pense, pour me protéger et aussi parce que je n'étais pas au niveau, c'est dans sa nature et je ne le remercierai jamais assez pour ses marques de confiance. En perdant ma place de titulaire, je découvrais un autre rôle, celui de coéquipière en soutien. On était un groupe, on avait besoin de tout le monde, si tu es là à faire la gueule, à ne penser qu'à toi, autant rentrer à la maison ! Bien sûr, je me sentais impuissante sur le banc, je voyais des choses sans pouvoir intervenir, j'avais beau encourager, crier, je subissais les événements. Mais le coach avait fait ses choix et, sur des postes défensifs comme le mien, il lui était difficile de faire des changements en cours de partie, à moins d'une blessure. Contre les Anglaises, je savais que j'avais une chance sur dix de rentrer mais on gagne et on perd ensemble. Et cela ne m'aurait pas dérangée de remporter la Coupe du monde en ayant disputé seulement deux matches. Du banc, je vivais les rencontres à fond, j'encourageais et contre les Anglaises, quand Élise Bussaglia a égalisé à la 88e minute d'une superbe frappe, j'ai explosé, sauté du banc, j'ai couru partout, je ne sais même plus dans quelle direction je suis partie ! C'était beau, encore plus quand on a remporté la séance des tirs au but avec le tir raté de Faye White, une défenseure centrale que j'adorais, qui dégageait beaucoup d'assurance et de charisme.

J'ai vécu cette qualification pour la demi-finale sans frustration, seulement d'une manière différente des filles qui étaient sur le terrain. Je suis restée moi-même, dans l'encouragement, j'avais déjà ça en moi tout en me nourrissant des joueuses avec un charisme naturel. Ensuite, avec ta personnalité, tu essaies de faire ton chemin. À cet âge, tu te sens capable de maîtriser toutes les situations qui se présentent à toi, toutes les difficultés, sauf que le haut niveau demande de la patience, de l'accompagnement et cela ne pardonne pas. Je ne pouvais rien revendiquer. Même si j'avais marqué un triplé, je n'aurais pas été légitime en criant : « C'est moi la patronne. » De toute façon, je n'étais pas une titulaire installée, je n'avais rien prouvé, je n'avais rien connu sur le plan international, j'étais juste la petite jeune Martiniquaise qui débarquait et, en participant à ce Mondial, j'avais déjà gagné.

Et ce bonheur ne s'est pas arrêté à cette demi-finale. Après l'Angleterre, en rentrant à notre hôtel, nous sommes arrivées à temps pour voir l'autre quart de finale entre le Japon et l'Allemagne, grande favorite. Aucune des joueuses n'est montée dans sa chambre, nous avons regardé la rencontre sur un écran géant installé dans le hall car elle pouvait revêtir une importance capitale pour nous, notre avenir. Une défaite des Allemandes et nous faisions partie, à coup sûr, des meilleures nations européennes, donc qualifiées pour les Jeux Olympiques prévus un an plus tard, à Londres. Sur le but des Japonaises qui éliminent les Allemandes, nous avons hurlé et si nous avions pu boire une bière, nous l'aurions fait tellement nous étions heureuses. On découvrait à peine la Coupe du monde, on venait de perdre 4-2 contre l'Allemagne et on intégrait qu'on allait disputer les JO, un événement planétaire, extraordinaire, qu'un sportif ou une sportive doit vivre une fois dans sa carrière. L'euphorie passée, on devait se remobiliser car un énorme morceau nous attendait, les États-Unis, nation surpuissante du football féminin, quasiment imbattable. Et, évacuons tout suspense, nous avons perdu (3-1), en ayant bien joué, rivalisé avant de tomber par manque d'expérience et d'efficacité, déjà. Je ne garde presque aucun souvenir de cette opposition comme si je voulais l'oublier. Tant que rien n'est joué, il faut se battre, tenter des choses et lors de ce Mondial, à part le premier match, on avait bien joué au ballon. Après notre entame poussive, on aurait pu penser que ce serait compliqué, qu'on serait rentrées à la maison dès le premier tour mais, au final, nous avons disputé une demi-finale et nous nous sommes qualifiées pour les JO ! Il nous a juste manqué d'accrocher cette troisième place, certes anecdotique en Coupe du monde car on ne se souvient que du vainqueur. Mais, face à la Suède de Lotta Schelin, nous voulions vraiment gagner cette « petite finale » pour laquelle j'ai été titularisée après deux rencontres sans jouer. Malheureusement, nous avons pris un but et perdu cette consolante.

L'histoire était déjà belle mais on ignorait tout de l'engouement naissant en France, on suivait ça un peu de loin, on ne ressentait que le soutien de nos supporters, aux quatre coins de l'Allemagne, et qui y croyaient plus que nous, comme s'ils jouaient à notre place. À chaque fois qu'on les croisait, ils ne parlaient que du prochain match : « Il faut le gagner ! » On s'est rendu compte, peu à peu, qu'on avait séduit les gens avec le jeu déployé mais, au retour en France, on a pris réellement conscience de l'intérêt du public français. Après la déception de la Coupe du monde masculine 2010 à Knysna, certains, y compris les médias, se sont peut-être dit : « On va suivre les filles, on va voir ce que cela donne. » J'ai découvert à l'époque la médiatisation. Ça fait partie du job, il faut juste prendre du recul car on peut hériter d'une note de 8/10 un jour et le lendemain, être jugée catastrophique, comme la plus nulle au monde après une passe ratée. Si tu n'appréhendes pas ça avec humilité, tu tombes. On peut se sentir confiant après une bonne performance mais il ne faut pas se la raconter, il faut repartir au boulot dès le lendemain. Intérieurement, les bonnes critiques font toujours plaisir mais je sais aussi qu'on est toujours attendu au tournant. Si tu te loupes, on ne te loupe pas. Le plus gênant, c'est quand on ne te juge plus sur ta performance mais sur ta personnalité, qu'on te met 4/10 parce qu'on ne t'aime pas. Les critiques sont les bienvenues quand elles sont honnêtes. De toute façon, la plus dure avec moi, c'est moi-même.

La seule jalousie que je peux exprimer par rapport au football masculin, c'est de les voir jouer dans des stades pleins. De notre côté, on progresse petit à petit sur les droits télé, le sponsoring, sachant que nous étions encore en semi-pro en 2009. C'est vrai, ils gagnent plus que nous mais je trouve ça normal. Vu d'où on part, on ne peut pas demander plus, on doit encore se structurer, faire nos preuves. Dans certains clubs de division 1 féminine, des joueuses n'ont pas de quoi travailler au quotidien en termes de structures, ce qui est indispensable pour devenir une athlète de haut niveau. Pour cela, il faut gagner. Quand tu as des résultats, tu peux revendiquer. À Lyon, au début, nous n'avions pas grand chose, nous sommes devenues légitimes avec les résultats obtenus. Avec notre belle performance en Allemagne, l'image qu'on renvoyait nous a offert un début de reconnaissance et l'été qui a suivi, les touristes qu'on croisait nous dévisageaient et nous demandaient : « Mais vous n'étiez pas à la Coupe du monde ? » On commençait à passer à la télévision, les supporters nous reconnaissaient, nous demandaient des photos, des autographes, aimaient discuter avec nous… On sentait que quelque chose se passait et je n'oublierai jamais notre match de reprise en août, face à la Pologne, en amical. Le Stade Bollaert, à Lens, était plein et les spectateurs ont repris la *Marseillaise* d'une force incroyable, à vous donner des frissons. Mais il faut tout le temps rester en alerte et se remettre en question, travailler et ne jamais lever le pied.

EN QUÊTE DE VICTOIRE AVEC LES BLEUES

Les noms des premières joueuses ont été égrenés puis est venu mon tour. Une clameur formidable et touchante est montée du Stade Pierre-Aliker, à Fort-de-France, « chez moi ». Nous sommes le 20 novembre 2011, jour de l'anniversaire de ma maman, et, c'est bizarre de dire cela, mais j'ai réellement intégré l'équipe à l'occasion de cette tournée aux Antilles. Après la Coupe du monde en Allemagne nous avons pris la direction de la Guadeloupe, Pointe-à-Pitre, et disputé un premier match face à l'Uruguay. J'ai vu le regard de mes coéquipières changer. À leurs yeux, jusque-là, je n'étais que la petite jeune, ce qui était vrai d'ailleurs, je jouais, je sortais, j'étais sur le banc. Je pense que ma carrière internationale a réellement débuté ce jour-là en Martinique. J'ai eu de très bonnes sensations pendant le match, j'ai marqué mon premier but en sélection, j'ai même porté le brassard de capitaine pour la première fois à la sortie de Soub' (Sandrine Soubeyrand). C'était un moment magique. À la fin du match, Bruno m'a fait sortir afin de me laisser recevoir une merveilleuse ovation de mes compatriotes. À cette occasion j'ai transmis le brassard à ma « sista » Élodie Thomis, elle aussi originaire de Martinique. Après mon but, le public a scandé mon nom avec une ferveur extraordinaire. Cette tournée m'a vraiment fait du bien. De mon côté, aussi, j'ai changé à cette occasion, je me suis libérée, j'étais fière de revenir jouer sur mon île cinq ans après mon départ, sous le maillot de mon pays. Je jouais devant mon neveu qui venait de naître, devant ma famille et mes amis proches. Tout était réuni à l'occasion de cette tournée, l'ambiance était familiale, chaleureuse, « tropicale ». C'était un beau moment qui présageait de la suite puisque les Jeux olympiques arrivaient à grands pas, la compétition sportive, mondiale, dont tout le monde parle. Quand je voyais des reportages, et que je suivais les épreuves d'athlétisme ou de handball, cela me donnait envie, je me disais « il faudra que tu y participes un jour ». C'est à vivre au moins une fois dans sa carrière, c'est vraiment impressionnant. Lors de notre première qualification aux JO, à l'occasion d'un shooting privé avec un sponsor, j'ai longuement échangé avec Nicolas Karabatic sur l'engouement que suscite cette compétition. Vu son ampleur, ne pas connaître cela au moins une fois aurait été une énorme déception pour moi. Les Jeux, c'est d'abord l'athlétisme, c'est le cœur de la compétition, le sport qui les incarne le mieux. Je me souviens d'avoir été marquée par la domination de Usain Bolt dans les différentes disciplines. Dans les sports collectifs, on peut toujours s'appuyer sur ses coéquipiers mais dans des disciplines individuelles comme l'athlétisme, on est seul et livré à soi-même.

À l'été 2012, sur place, nous avons été impressionnées par l'immense dispositif de sécurité mis en place par les organisateurs pour notre bien-être. On ne pouvait pas enlever notre badge même pour aller chercher de l'eau au distributeur dans le hall de notre bâtiment ! Tout était immense aux Jeux, la cantine au Village olympique était plus grande qu'un terrain de foot, tout y était proposé à volonté, un McDo était ouvert 7j/7 et 24h/24, il y avait un monde fou, provenant de tous les coins de la planète. Certains terminaient rapidement leur compétition et décidaient de rester pour faire la fête. Le soir, ça rigolait, ça chantait, ce n'était pas une boîte de nuit mais pas loin. C'est la vie du Village mais les conditions ne sont pas optimales pour préparer une compétition. Si tu n'as pas une ligne de conduite, cela peut vite déraper. Nous, nous étions loin de toutes ces tentations car nous étions basées à Glasgow en début de compétition et pour être honnête, nous avions plus l'impression de disputer une compétition comme un Euro ou une Coupe du monde, que de faire partie de la famille olympique. Déjà, nous avons raté la cérémonie d'ouverture car nous devions jouer notre premier match le lendemain, en Écosse, et être si loin du Village a constitué un moteur car nous savions qu'à partir des quarts de finale, nous rejoindrions Londres. Évidemment, notre principal objectif demeurait une médaille mais on savait le parcours long et difficile surtout qu'on débutait par l'Everest, les États-Unis. Nous avions tiré les enseignements de notre élimination par ces dernières lors du dernier Mondial, et nous connaissions nos capacités à les mettre en difficulté dans le jeu. Nous avions gardé une dynamique dans le groupe, pour cette fois décrocher une médaille, la plus belle, celle en or. Face aux Américaines, tout a commencé comme dans un rêve. Dominées dans le jeu, sans avoir aucune occasion, nous sommes parvenues à marquer sur une frappe de Gaëtane Thiney puis sur un tir de Marie-Laure Delie après un quart d'heure de jeu seulement. C'était irréel. Mais, très vite, nous avons été rattrapées par nos erreurs, qui leur ont permis de revenir rapidement au score. En revenant à un résultat nul avant la mi-temps, elles reprenaient l'ascendant psychologique pour la suite du match. Nous avons été piégées sur ce que nous craignions le plus et que nous avions pourtant travaillé avec le staff : les déviations d'Abby Wambach pour Alex Morgan dans la profondeur. Sur leur second but, je suis au marquage de Wambach mais je subis des blocs, des obstructions des Américaines. Après un premier coup franc, je l'ai dit à mes coéquipières : « Elles font un bloc sur moi, je peux pas jouer les filles ! » Il n'y a pas eu de réaction, on m'a dit au contraire : « Démerde-toi, arrête de pleurer ! » Au final, nous nous sommes inclinées 4-2. C'était rageant, frustrant, et avec le recul, je suis persuadée que nous aurions pu gagner. Face à la Corée du Nord, nous n'avions plus le droit à l'erreur si nous voulions poursuivre l'aventure olympique. Avec du beau jeu, des buts (5-0), dont mon premier à l'occasion des Jeux, nous nous sommes imposées.

Un autre test nous attendait, la Colombie, avec des joueuses autant techniques que physiques, et capables de casser le rythme. Dans un stade de Saint-James's Park, celui de Newcastle, rempli de spectateurs et baigné de soleil, le cadre était idéal pour assurer notre qualification en quart de finale, à condition de faire le travail. On ne voulait pas quitter les Jeux sans connaître le Village olympique et nous avons, dans la souffrance, remporté une victoire, étriquée mais décisive (1-0), qui nous permettait de retrouver au tour suivant, la Suède, qui nous avait battues l'été précédent lors du match pour la troisième place. Nous avions à cœur de prendre notre revanche, rien ne nous empêchait de battre les Suédoises et pourtant le match n'a pas commencé comme nous l'aurions voulu, car elles ont rapidement ouvert le score. Laura Georges l'a réduit, puis j'ai marqué le but de la victoire qui nous ouvrait les portes de la demi-finale. Malheureusement, le Japon nous a barré la route de la finale. Sept ans après, je ne sais toujours pas comment nous avons fait pour perdre, après avoir tiré vingt-six fois au but contre seulement quatre pour les Japonaises. Nous étions prévenues, techniquement, elles étaient très à l'aise, elles jouaient juste, propre, notamment avec leur numéro dix Homare Sawa. Nous avons très vite été menées deux à zéro sur deux coups de pied arrêtés. Malgré une seconde mi-temps avec beaucoup d'intensité, nous n'avons pu revenir au score. Dominées dans le jeu, les Japonaises ont fait parler leur expérience en cassant le rythme. Je n'oublierai jamais le moment où Élodie Thomis récupère le ballon dans notre camp et dribble tout le monde. Les spectateurs étaient debout. J'en ai encore des frissons mais ça n'a pas suffi.

Après la réduction du score par Eugénie Le Sommer, nous avons obtenu un penalty qu'Élise Bussaglia s'est chargée de tirer, trouvant malheureusement le poteau. À 2-2, je pense que l'on peut gagner ce match, les Nippones sont épuisées par l'incroyable intensité que nous avons mise. Il n'y a plus de tactique, j'ai même fini attaquante. En termes d'émotions, on a tout vécu lors de ce match… C'est moments-là sont extrêmement difficiles, on ressasse toute la nuit sans pouvoir revenir en arrière. Mais il restait une médaille à aller chercher, le bronze, et face au Canada, nous avons décidé de nous remobiliser, de tourner la page rapidement. Là encore, j'ignore comment on perd ce match. Notre domination était telle que les Canadiennes ont très peu approché notre surface. Nos tirs ont été arrêtés par les montants, la gardienne ou les joueuses… Sur un contre bien mené, elles ont ouvert le score en toute fin de match. Après le but canadien, nous avons donné le coup d'envoi et l'arbitre a sifflé la fin. Nous nous sommes effondrées sur le terrain. Personnellement, ce fut le moment le plus pénible de ma carrière en équipe de France, la défaite la plus douloureuse. Dans le vestiaire régnait une ambiance d'enterrement, on vivait un deuil, personne ne parlait. Tout remontait, la rage, l'énervement, l'incompréhension, tout défilait, en deux minutes, la Terre s'était arrêtée de tourner. Dans ces moments-là, tu n'as pas les mots, pas les bons, il vaut mieux la fermer plutôt que de dire des choses que tu ne penses pas vraiment. Nos Jeux étaient terminés et nous avions la liberté de rester au Village pour profiter des épreuves restantes. Si certaines ont fait ce choix, j'ai décidé de rentrer dès le lendemain. Je me revois, à sept heures du matin, en train d'attendre le bus pour sortir du village et rejoindre ma famille. Dans la voiture qui nous a ramenés en France, comme dans le vestiaire, pas un mot. Je n'avais qu'une envie, partir en vacances, avant de vite basculer sur une nouvelle saison.

Surtout que de beaux objectifs s'offraient à nous avec l'Euro en juillet 2013. L'occasion de nous rattraper. Après un échec, la remise en question est inévitable. Nous nous étions vraiment bien préparées, le staff avait ses convictions, sa manière de jouer, la Fédération avait tout fait pour nous mettre dans les meilleures conditions, avec un hôtel privatisé, ainsi qu'un vrai camp de base avec tout à proximité. Rien n'avait été négligé pour que l'on gagne cet Euro que nous avons parfaitement entamé avec trois victoires en trois matches contre la Russie (3-1), l'Espagne (1-0) et l'Angleterre (3-0). Et on se heurte en quart de finale à l'équipe danoise (1-1, 4-2 aux tirs au but) parce que nous n'avons pas mis les ingrédients nécessaires pour espérer remporter ce match. Les Danoises avaient eu beaucoup de difficultés à obtenir leur qualification lors du précédent tour, nous avons pensé à tort qu'elles seraient fatiguées. Au contraire, elles ont gardé leur esprit combatif et ont ouvert le score rapidement, ce qui n'a pas facilité notre plan de jeu. Nous voulions mettre une grosse intensité à l'entame du match mais ce but est venu tout chambouler. Malheureusement, après les échecs en Coupe du monde en 2011, aux JO en 2012 et à l'Euro 2013, la Fédération a pris la décision de se séparer de Bruno.

Malgré mon jeune âge, Bruno m'a fait confiance. J'ai connu le très haut niveau grâce à lui, et rien que pour cela, je lui serai toujours reconnaissante. Humainement, c'est un grand monsieur, honnête, qui a une façon bien à lui de faire passer les messages et avec qui j'ai eu des discussions franches, que cela se passe bien ou mal.

Quand Philippe Bergeroo succède à Bruno, en septembre 2013, je ne connais pas grand-chose de son parcours, je sais juste qu'il a entraîné chez les garçons, au Paris-Saint-Germain et au Stade Rennais. Lors des premiers entraînements, il a beaucoup observé. C'était un coach rigoureux qui insistait beaucoup sur la notion de bloc équipe et les fondamentaux du foot. De ses observations il faisait ses choix, ce qui a naturellement créé une émulation dans le groupe. C'est vrai, en sélection et en club, dès qu'il y a changement, on a toutes envie de montrer au coach qu'on mérite de jouer. Dès sa prise de fonction, Philippe a toujours gardé sa ligne de conduite, à aucun moment il n'a surjoué, ni voulu montrer qu'il venait du foot masculin. Il a toujours communiqué avec ses cadres et sa capitaine, moi en l'occurrence. Car, dès le début, Philippe avait décidé de me responsabiliser. C'est assez marrant la façon dont il me l'a annoncé. Lors de notre premier rassemblement en commun, le deuxième jour, juste après le repas du midi, il m'a interpellée dans le hall du bâtiment des Espoirs : « Wendie, il faut qu'on discute. » Dans ma tête, je me demande, inquiète : « Mais qu'est-ce qu'il va me dire ? » Pas une seconde je n'ai pensé au brassard. « J'aimerais que tu sois ma capitaine. » Je l'ai regardé : « Ah ouais ? » Je suis restée interdite : « Je ne sais pas du tout. » « Je te laisse réfléchir, tu me donnes la réponse ce soir ou demain au plus tard. » Pendant la sieste, j'ai longuement réfléchi à sa proposition. Pourtant, j'étais déjà capitaine à Lyon mais en Bleues, je ne m'y attendais pas du tout. Ce n'était pas la responsabilité qui me faisait peur, plutôt le symbole que cela représentait. Pour moi, l'équipe de France est sacrée et les anciennes passent avant car elles ont plus de vécu, d'expérience. L'après-midi, j'ai appelé Fred pour lui faire part de ma discussion avec le sélectionneur, il m'a presque engueulée : « Mais tu n'as pas encore dit oui ? » Le lendemain, je rencontrais de nouveau le coach qui m'exposait son projet : « Pour moi tu as tout pour être capitaine, tu l'es déjà à Lyon, c'est une suite logique. À l'avenir, pour les jeunes qui vont arriver, tu vas être un pilier. » On a vraiment bien discuté, ce fut un échange riche et je savais où on allait, ce qu'il attendait de moi. En jouant pour mon pays, j'avais déjà beaucoup de responsabilités mais, avec le brassard, elles prenaient une autre dimension. Honnêtement, j'appréhendais la réaction de mes coéquipières. J'ai observé le comportement de chacune par rapport à mon nouveau rôle. Je sais que l'on évolue dans un milieu où les ego sont importants, où tout le monde rêve d'être capitaine de l'équipe de France. Cette responsabilité m'imposait d'être encore plus rigoureuse, car je me savais attendue au tournant. On ne fait jamais l'unanimité... Sauf que moi, je n'avais rien réclamé, au contraire, j'ai été surprise par la proposition de Philippe. Mais le rôle reste le même, seule change l'exposition. J'ai dû me faire un peu violence car les demandes étaient plus nombreuses, de la part des médias notamment. D'ailleurs, les médias ne savaient pas qui Philippe avait choisi comme capitaine et lors de notre première conférence de presse en commun, quand les journalistes m'ont vue débarquer, l'un d'entre eux m'a dit directement : « Ah, je n'avais pas parié sur toi ! Je ne m'y attendais pas du tout. » Sympa l'accueil !

Pour mon premier match en tant que capitaine, nous avons affronté la République tchèque, à Évry, j'ai même marqué le premier but ! Honnêtement, je n'ai pas ressenti de pression particulière par rapport à ce nouveau rôle, car, à Lyon il y avait aussi un groupe composé de joueuses internationales. Mais si l'histoire était belle, je savais que je n'avais pas droit à l'erreur. Le capitanat m'a permis de franchir des étapes dans beaucoup de domaines, puisqu'il faut montrer l'exemple et être encore plus rigoureuse.

Lors de la Coupe du monde l'été suivant au Canada, nous avons bien débuté avec notre match d'ouverture contre l'Angleterre. À l'occasion de notre deuxième match, face aux Colombiennes, plus agressives, nous avons perdu pied et montré des signes d'agacement entre nous. Une mini altercation a eu lieu entre Jessica Houara et Louisa Necib en plein match. Après la défaite, qui nous mettait en difficulté pour la suite, nous avons laissé passer la nuit mais le lendemain, après en avoir parlé avec Philippe, j'ai provoqué une réunion avec tout le groupe pour rappeler qu'il était inadmissible de perdre de cette manière et pour revenir sur le comportement de Louisa et Jess', en plein match. Sur l'action, la première avait voulu mettre du rythme à la rencontre, la seconde avait une autre idée et Louisa s'était agacée et avait jeté le ballon sur sa coéquipière. En tête-à-tête, je lui ai dit qu'on ne pouvait pas réagir comme ça et je lui ai demandé d'aller s'excuser. On a réglé cette histoire en interne et notre meilleure réponse était attendue face au Mexique. En nous imposant 5-0, nous avons prouvé qu'après une chute nous étions capables de nous relever. Notre qualification en poche dans la foulée de notre victoire face à la Corée du Sud (3-0), nous retrouvions l'Allemagne en quart de finale. Nous allions les affronter à Montréal dans le même stade qu'au tour précédent. J'ai beaucoup aimé l'architecture de ce stade. En plus, nous avions avec nous une bonne partie du public canadien, ce qui était important car nous savions qu'affronter les Allemandes ne serait pas tâche facile. Notre match a été plein, surtout notre entame, et au bout de vingt minutes, nous aurions dû mener deux ou trois à zéro mais il nous a manqué, une nouvelle fois, ce côté tueur. Dès l'entame du match, Thomis a fait la différence sur son côté droit et a centré en retrait pour Louisa dont la reprise est passée à rien du poteau. Louisa, par la suite, a eu plusieurs possibilités, mais s'est heurtée à une très bonne Nadine Angerer. On a persévéré, et on a réussi à ouvrir la marque grâce à une frappe contrée de Louisa. Malheureusement, l'Allemagne a égalisé en toute fin de match car l'arbitre leur a accordé un penalty sur une main d'Amel Majri. Lors de la prolongation, physiquement nous étions toujours présentes, nous aurions même pu prendre l'ascendant après un bon centre de Jess' à Gaëtane, qui n'a malheureusement pas cadré son tir. La différence au haut niveau se joue là, sur l'efficacité dans les deux surfaces. On doit apprendre à être maître de nos émotions, de nos gestes, et surtout être plus lucides dans les moments de vérité. C'est un tout et ça vient avec la confiance, l'enchaînement des matches, l'exigence qu'on y met. Malgré la défaite, je me souviens avoir félicité le groupe, pour l'état d'esprit tout au long du match. J'ai rarement vu l'Allemagne être aussi gênée. On les a étouffées, elles avaient du mal à ressortir le ballon. Mais, avec elles, il faut toujours se méfier et j'étais certaine que leur coach allait les secouer à la pause, qu'elles auraient une réaction d'orgueil, exactement ce qui s'est passé.

Une nouvelle désillusion accompagnait notre été, une de plus, malgré nos efforts, notre état d'esprit et notre détermination. Tout le monde nous voit à chaque fois vainqueures des compétitions majeures, mais nous n'arrivons pas à passer ce cap. Pourtant, nous avons des joueuses techniques capables de faire la différence à tout moment.

Je reste persuadée que nous devons être plus « tueuses » dans la surface de réparation adverse pour inverser la tendance. Le haut niveau, c'est aussi une histoire de psychologie, de mental. J'en ai assez d'être félicitée parce qu'on joue bien, je veux qu'on nous dise : « Félicitations pour votre titre. » Ce palmarès vierge est, pour l'instant, le point noir de ma carrière mais pour la Coupe du monde, en France, je m'étais promis de tout faire pour y parvenir car je ne lâche jamais le morceau.

TÉMOIGNAGE

MARIE-HELENA
la maman de Wendie

Une orange, un citron, une mandarine… petite, dès que quelque chose avait la même forme qu'un ballon de football, Wendie tapait dedans. Partout dans la maison. Et quand elle n'était pas à la maison, je savais où la trouver : elle était sur le terrain de foot. Lorsque j'avais besoin d'elle, j'envoyais un enfant me la chercher au stade. Pendant ma grossesse, elle jouait déjà dans mon ventre, elle me donnait de bons coups de pied.

Plus jeune, Wendie paraissait calme, mais elle très turbulente. Elle avait de l'énergie à revendre. Elle a pratiqué beaucoup de sports pour se dépenser : du triathlon, de la course à pied, du basket, du hand, du foot évidemment. Le sport, c'est une affaire

de famille, surtout de mon côté. Moi aussi j'ai fait du hand, du volley et du foot. À l'école, j'étais gardienne de but. Le Prêcheur est une petite commune où nous faisons beaucoup de sport et nous aimons cela.
Wendie était déterminée à devenir footballeuse professionnelle. Récemment, j'ai revu la maîtresse qui lui avait dit qu'elle ne pourrait pas en faire son métier. Elle regrettait. « Et dire que je lui avais dit que ce n'était pas possible… » Quand elle a décidé quelque chose, Wendie met tout en œuvre pour y parvenir.
Quand elle voyait son nom parmi les joueuses retenues en sélection de la Martinique sur le France-Antilles, le journal local, elle venait me dire : « Maman, je suis sélectionnée, il faut que tu m'amènes. » Je lui répondais : « Ne compte pas sur moi. » Car pour moi, tout cela n'était pas sérieux même si je la laissais faire. L'enfant partait avec un petit banc, elle allait voir Monsieur Montabord, un monsieur de Saint-Pierre, qui emmenait les filles de sa commune en sélection. Wendie s'asseyait dans le coffre de la voiture pour se rendre au stade où elles étaient convoquées. Le dimanche, je lui disais souvent : « Wendie, tu sais qu'il n'y a pas de foot sans messe chez moi. » Elle râlait, elle était fâchée mais venait avec moi. Juste après « la paix du Christ », à la fin de la messe, elle disparaissait. Je remontais à la maison en marchant et, en passant devant le stade, j'entendais des personnes crier son prénom. J'étais toujours étonnée de voir qu'elle arrivait si rapidement au stade. En fait, en descendant pour aller à la messe

elle disait à l'entraîneur de sortir sa licence, qu'elle jouerait la deuxième mi-temps. Ses affaires de foot l'attendaient déjà au stade. Après la mort de son papa, Wendie s'est accrochée. Georges était tout pour elle. Quand il a été hospitalisé, je faisais des allers-retours Fort-de-France - Prêcheur tous les jours. C'était épuisant. Un jour, Georges me demande de lui cuisiner un plat. Je remonte à la maison, je mets de l'huile dans une casserole sur le feu et je sors quelques minutes de la maison. Pendant que je suis à l'extérieur, le feu prend dans la cuisine. J'entends Wendie qui crie. Nous parvenons à maîtriser le début d'incendie et je lui demande : « Wendie, ne dit rien à Papa. Il est déjà très malade, il n'a pas besoin de savoir qu'il y a eu le feu à la maison. » Nous nous rendons à l'hôpital. Son papa, qui me connaît bien, m'interroge : « Qu'est-ce que tu as ? Tu es triste, je n'aime pas te voir comme ça. » Et là, j'entends derrière moi : « Papa, il y avait le feu à la maison. » Je me mets à pleurer. Il me console : « Je sais que tu es fatiguée. Je me bats avec la maladie. Peut-être que je ne vais pas gagner, mais Dieu va te donner la force. » Je n'aurais pas pu tenir Wendie si elle ne voyait pas son papa. Quand il est parti, elle n'a pas pleuré au contraire, c'est elle qui nous a soutenues, Laurie et moi. Elle a ensuite reporté tout l'amour qu'elle avait pour son papa sur moi. Les gens, autour de moi, me disaient : « Marie-Helena, il faut protéger cette enfant. Elle ne fait que te surveiller, il ne faut pas faire un faux pas avec elle. » Wendie avait fait une promesse à son père : « Il m'a demandé de ne pas te faire de peine,

car tu as déjà souffert assez. De t'obéir et il va veiller sur nous. »
Au début, quand elle est partie pour la Métropole, c'était dur pour moi. Aujourd'hui, ça me fait plaisir de voir tout ce qu'elle a accompli alors que je m'inquiétais. Elle est bien dans sa tête. Elle a déjà tracé sa route. Elle va faire son chemin, je n'ai plus peur pour elle.

UNE VIE DE COMBATS

En Martinique, on dit souvent « chien paka fè chat » (les chiens ne font pas des chats). J'ai pris des traits de caractère de mes deux parents. Comme mon père, je suis touchée par la misère des gens. Cela peut paraître un peu convenu, mais si j'avais un pouvoir, ce serait celui de faire en sorte que les gens puissent manger à leur faim, avoir accès à l'eau pour boire et avoir des conditions d'hygiène essentielles, des choses simples mais fondamentales. Il y a quelques années, je me suis rendue au Bénin avec Sidney Govou. Ce voyage m'a marquée. Voir ces enfants qui ne pouvaient pas toujours manger a été très dur. J'étais déjà consciente d'être une privilégiée, mais cela m'a donné encore plus conscience de ma chance que je mesure au quotidien, au contact de mon entourage. Je suis aussi peinée quand je m'aperçois que ma sœur et mon beau-frère sont obligés de se serrer quatre fois la ceinture, de manger des sardines avec du riz parce qu'ils se sont fait plaisir en partant en vacances alors qu'ils travaillent dur tous les jours. Ça me serre le ventre. Dès que je le peux j'aide un peu mes sœurs. Je me suis aussi engagée auprès de deux associations. L'Association pour l'information et la prévention de la drépanocytose (APIPD) dirigée par une Martiniquaise, Jenny Hippocrate. L'un de ses fils est atteint de cette maladie génétique, la plus répandue au monde, héréditaire et qui se caractérise par une déformation des globules rouges qui entraîne des douleurs terribles pour ceux qui en sont atteints. En Martinique, environ 2 000 personnes en souffrent. Je suis également marraine de l'association Emma qui vient en aide aux familles dont les enfants souffrent de troubles DYS, des petits qui sont intellectuellement précoces, autistes, atteints de troubles du déficit de l'attention, hyperactifs ou Asperger. C'est important pour moi de profiter de ma notoriété pour aider ceux dont la voix porte moins. Si je peux, à mon niveau, faire en sorte que les choses évoluent, c'est déjà une belle satisfaction pour moi.

Je ne reste évidemment pas insensible aux problèmes de racisme. Je n'ai pas été épargnée. Cela ne m'est heureusement jamais arrivé directement sur le terrain mais j'y ai été confrontée lors de la Coupe du monde 2019, via les réseaux sociaux. Ma mère, touchée par les insultes, avait dit à ma grande sœur Claudia : « Mwen pa fe an makak pa yo kryé ich mwen a kon sa » (Je n'ai pas fait un singe, il traite mon enfant de singe). J'ai répondu à ma mère qu'elle ne devait pas se prendre la tête. Honnêtement, ça ne m'atteint pas. Je suis fière de ma couleur. Les racistes sont des gens qui ont des manques dans leur éducation. Tu deviens ce que tes parents t'inculquent. Il faut apprendre à vivre avec les gens qui sont à côté, c'est essentiel. On a tous à apprendre des gens que l'on côtoie, des différences des autres, c'est une certitude pour moi.

Je me souviens d'un épisode de racisme dont l'une de mes coéquipières a été victime, l'attaquante Marina Makanza qui joue actuellement au FC Fleury en première division. Nous étions en Biélorussie, on jouait l'Euro avec l'équipe de France U19. Je suis à l'opposé sur le terrain, en défense, et elle sur un côté en attaque quand, en plein match, un supporter commence à faire un cri de singe. Je vois qu'elle s'arrête et qu'elle commence à agiter ses bras, à s'énerver. Je ne comprends pas étant donné que je n'ai rien entendu. Il y a eu un arrêt de jeu car elle a balancé le ballon en touche. Très énervée, elle veut quitter le terrain, se dirige vers le banc et dit : « C'est bon, je sors, je sors. » Je lui demande ce qu'elle a. L'arbitre ne comprend pas non plus. Soudain, la personne refait son cri de singe. Nous sommes jeunes, nous ne saisissons pas bien ce qu'il se passe. Pour ma part, c'est la première fois que j'entends ça. En même temps, je me dis si elle sort, Marina donnera raison à cet idiot. Excédée, elle commence à l'insulter. Et moi j'essaie de la calmer. Sur le coup c'est dur car je ne viens pas de subir ça personnellement même si j'ai un peu la même couleur de peau qu'elle. Je me dis que ça peut être moi aussi.

Je crois que nous ne devons pas nous montrer plus bêtes que ces gens-là. Ils ne cherchent qu'une chose : déstabiliser la joueuse ou le joueur qu'ils insultent sur le terrain. Ils ne se rendent même pas compte de la blessure qu'ils peuvent infliger à la personne victime de leur acte raciste. Voir des choses pareilles en 2019 me révolte.

Dans le football, il devrait y avoir des règles et des sanctions plus claires. Je prends l'exemple de l'Italie où il y a eu plusieurs incidents dernièrement. Si à chaque fois que ça arrive dans les tribunes, l'équipe dont les supporters sont incriminés perd deux points, le club va finir par se bouger. J'ai vu que l'AS Roma avait banni un supporter à vie pour racisme. Je trouve ça intéressant même si la Ligue fait parfois comme si elle ne comprenait pas que ces actes racistes sont d'une extrême gravité.

Si les joueurs s'arrêtent et que derrière, des sanctions sont prises, je dis oui. Mais, si on s'arrête, que l'on rentre aux vestiaires et qu'il ne se passe rien, le gars va se réjouir d'avoir pu faire arrêter un match. Ce sera une victoire pour lui. Le match suivant, il va refaire la même chose. Il faut sévir et être plus dur sur ça. C'est bien d'avoir des pancartes « no to racism » mais il faut aussi des sanctions qui dissuadent les gens de recommencer. Aujourd'hui, dans les stades, on peut voir les moindres faits et gestes des supporters avec les caméras. Ils ne peuvent pas dire que ce n'est pas possible d'identifier les individus incriminés. Selon moi le problème est profond et ce n'est sûrement pas en disant qu'on interrompt les matches que ça va le régler. Il faut avoir le courage de sanctionner sévèrement.

Comme beaucoup de personnes ayant suivi le Mondial, Megan Rapinoe est la joueuse qui a marqué mon esprit. Je la connaissais déjà pour avoir joué avec elle à Lyon entre 2013 et 2014. Au-delà du terrain, Megan possède une personnalité qui fédère autour d'elle. Quand elle a dit qu'elle n'irait pas à la Maison Blanche en cas de victoire au Mondial, toutes ses coéquipières ont suivi. Cela démontre un bel esprit d'équipe mais aussi une extraordinaire force de caractère de la part de toutes ces joueuses. Rapinoe fait avancer des causes qui lui tiennent à cœur, par exemple sur la question des violences policières à l'égard des Afro-Américains aux États-Unis. Quand tu gagnes une compétition comme la Coupe du monde, tu es écoutée. Je suis sûre qu'elle a eu plein d'ouvertures et d'opportunités après le Mondial. Rapinoe n'a pas eu une vie facile, elle sait de quoi elle parle. Les gens ont tendance à nous mettre dans une case. Mais Megan a une personnalité incroyable en plus d'être une grande joueuse. Je l'adore. À 34 ans, plus expérimentée, elle connaît mieux son corps après des années de blessures assez graves pour revenir encore plus forte. Lors de son passage à Lyon, j'appréciais déjà ce côté naturel, franc. Son brin de folie aussi. Megan est extrêmement drôle. On sentait aussi un énorme potentiel même si elle n'a pas vraiment pu l'exprimer avec nous. Avec Patrice Lair, notre entraîneur de l'époque, ils ne se sont pas compris mais Megan Rapinoe est une belle personne et elle s'était bien fondue dans le groupe malgré une mentalité différente de la nôtre. J'aime bien la mentalité des Américaines, il y a des choses à prendre chez elles. Elles sont à ce niveau parce qu'elles le méritent. C'est leur sueur qui les a emmenées là où elles sont.

Une autre personne a compté dans mon parcours et j'ai du respect pour le président Jean-Michel Aulas. Sans vouloir le flatter, il a parlé mais il a surtout agi et, aux premières loges, j'ai constaté tout ce qu'il a fait, dès 2004, pour la section féminine au sein de l'Olympique Lyonnais. Il a tout mis en œuvre pour qu'elle existe. En 2006, quand je suis arrivée, il a dit qu'il voulait quatre recrues – Sonia Bompastor, Hoda Lattaf, Laure Lepailleur et Camille Abily – pour franchir un premier cap. Ensuite, il a annoncé qu'il voulait que son équipe féminine gagne la Ligue des champions dans les trois ans. Pour atteindre ses objectifs, chaque année, il a investi. Il a donné des moyens à Farid de construire l'équipe petit à petit. Ce dernier a recruté Shirley Cruz, l'année suivante Louisa Necib et Élodie Thomis, celle d'après Lotta Schelin. Il a mis de l'argent dans sa section féminine alors que cela ne se faisait pas. Jean-Michel Aulas a démontré son ambition en mettant les moyens nécessaire pour les concrétiser. L'exemple doit venir des instances, elles doivent donner beaucoup plus pour le développement du football féminin. De même que les sponsors individuels doivent davantage soutenir les jeunes filles, les femmes qui font du sport au haut niveau. Je suis lucide sur ce que les garçons rapportent et ce que les filles rapportent. Mais si nous voulons que le sport féminin progresse, il faut des moyens et des investissements. On ne peut pas faire les choses à moitié.

Lyon m'a accompagnée dans mon épanouissement, cette ville, baignée de soleil, chaleureuse et loin de son image bourgeoise qu'elle peut renvoyer à l'extérieur, respire la sérénité. Je l'ai vue grandir, se développer, de La Part-Dieu, un lieu qui parle à tout le monde, le premier endroit que je découvre en arrivant, jusqu'à Fourvière, une colline formidable, en journée comme en soirée, pour observer cette cité avec laquelle j'ai créé des affinités, des habitudes, dans certains restaurants, dans le Vieux-Lyon… Ce n'est pas un hasard si je me souviens plus de mes premiers buts inscrits à Gerland qu'à l'extérieur, les sensations y sont plus fortes, je suis chez moi. Lyon est ma ville, elle est devenue ma deuxième maison après la Martinique. Je ne peux pas oublier mes racines mais je suis devenue une jeune femme à Lyon. Je suis un peu casanière mais dès que je le peux, quand j'ai du temps libre, je l'arpente, la visite, je m'en imprègne. La Martinique, c'est la base de base, mais je suis à la fois Martiniquaise, Française, Lyonnaise, je suis un mélange de toutes ces cultures et cette ville me reconnaît comme une des siennes. Je sais ce que je dois au club, à la ville et l'histoire d'amour se poursuit alors que personne ne me connaissait en arrivant. On m'a accordé une semaine d'essai et treize ans plus tard je suis encore là, j'ai gagné beaucoup de titres avec l'OL. J'ai la chance de rencontrer des personnalités brillantes qui m'apprennent énormément sur le milieu de l'entreprise et m'ouvrent à une autre vision des choses, comme Valérie Lorentz-Poinsot, la directrice des laboratoires Boiron, et Hélène Courtois, astrophysicienne et vice-présidente de l'université de Lyon 1, que j'ai rencontrées dans le cadre de la récompense de femme la plus influente de Lyon que j'ai reçue en mars 2019. J'échange également avec des chefs cuisiniers, des avocats, des chefs d'entreprise et d'anciens grands sportifs qui ont réussi leur reconversion. Je suis consciente d'être une privilégiée car je vis de ma passion, c'est loin d'être le cas de tout le monde, certains n'ont pas la possibilité de faire ce qu'ils aiment alors qu'ils ont beaucoup travaillé pour obtenir de grands diplômes. La petite Antillaise a fait du chemin, je le répète souvent, car je n'imaginais pas partir à seize ans, réussir en Métropole, pas aussi haut en tout cas. Je suis très reconnaissante envers toutes les personnes qui m'ont accompagnée, j'essaie de leur rendre aujourd'hui à ma manière. Et mon bonheur me conforte dans ma foi, qui ne m'a jamais quittée.

Rien ne me fait plus plaisir aujourd'hui que d'aider ma maman. Elle m'a portée neuf mois, elle a galéré, on a galéré ensemble, quand elle a perdu son mari avec lequel elle était heureuse, mon papa. Je ne peux rien lui refuser, elle est tout pour moi, il ne me reste qu'elle. Elle est mon meilleur exemple, c'est une battante, elle s'est toujours débrouillée pour qu'on mange à notre faim. On ne partait pas en vacances, en colo, on n'avait pas grand-chose à Noël mais, avec mes sœurs, nous n'avons manqué de rien. Papa et Maman ont tout fait pour que nous soyons heureux.

Si j'ai voulu écrire ce livre c'est aussi pour faire passer un message à ceux qui suivent mon parcours, mais surtout aux jeunes. Au fil des années, je me suis forgé une conviction : pour réussir dans la vie, il faut être leader de sa personne. Lorsque j'étais à l'école, une maîtresse m'avait demandé ce que je voulais faire plus tard. J'avais répondu que je voulais être footballeuse professionnelle. Cette maîtresse m'avait assuré que ce métier n'existait pas. Elle voulait absolument que je choisisse un « vrai » travail. Mais moi, j'avais une certitude, je voulais être footballeuse. J'ai tenu le coup et j'ai rétorqué : « Non, je veux faire ça. » C'était mon premier choix (le second était hôtesse de l'air). Rien n'a été simple mais j'ai atteint mon objectif. Et finalement, je ne l'ai jamais pris comme un métier. C'est ma passion. Je ne vais pas dire qu'il n'y a pas de contraintes, mais j'ai choisi de prendre les choses positivement car j'adore ce que je fais. Je crois que si on dit à un jeune : « Tu as du talent, tu peux faire une carrière. » Le jeune va se dire : « Oui, pourquoi pas, je vais tester. » Mais il faut que l'envie vienne réellement de lui, sinon au moment où il faudra fournir les efforts pour atteindre l'objectif, il risque de trouver cela difficile. Moi c'est ce que je voulais, c'était là, ancré en moi depuis que je suis toute petite. J'ai toujours fait en sorte de me donner les moyens de vivre de ma passion : le foot. Si on me proposait d'aller au cinéma ou d'aller jouer au foot : il n'y avait pas photo. Je voulais taper dans le ballon.

Selon moi, il faut que ça vienne de la personne. Elle doit se donner les moyens d'aller au bout de ses objectifs. C'est pour ça que je dis qu'il faut avoir confiance en soi. Cela ne signifie pas qu'il ne faut pas rester humble. Non, il faut avoir conscience de ses capacités. Le proverbe dit : « Aide-toi et le ciel t'aidera. » Si je ne m'aime pas moi-même, si je me regarde dans un miroir et que je me déteste, qui va m'aimer ? Si je ne me donne pas d'amour, que je ne prends pas soin de moi, personne ne le fera pour moi. À huit ans, je me suis dit que j'allais prendre mon existence en main. La vie n'est pas facile. J'ai perdu mon papa. Ma maman est encore là, mais je sais que j'aurais aussi pu la perdre. Par exemple, avec ma sœur Laurie, nous avons appris à nous débrouiller seules. Quand ma mère ne pouvait pas préparer le repas, nous trouvions toujours un moyen de le faire nous-même. Même si ce n'était pas de la grande cuisine. En créole, on dit : « Se bouden plen ka konté » (C'est d'avoir le ventre rempli qui compte).

Avec les années, je me suis aussi rendu compte que mon caractère n'était pas toujours facile à cerner au premier abord. On me reproche souvent d'être sauvage, d'afficher un visage fermé mais je ne peux pas faire confiance immédiatement, comme si on se connaissait depuis des lustres. Il me faut du temps pour instaurer une vraie relation de confiance et si je sens que la personne en face de moi représente un danger, je ne vais pas m'ouvrir, je vais même fuir. Je suis en accord avec le proverbe : « La confiance ne se donne pas, elle se mérite. » Mon instinct ne m'a jamais trompée, mon corps peut même frissonner face à une personne toxique, je tiens ce don de ma mère. Parfois, j'ai même dit à des amis : « Fais attention à telle personne. » Et puis, quelques mois plus tard, elle leur faisait une crasse. Je suis méfiante de nature. Quand je sens que la personne en face n'est pas bonne, je me referme. Je suis aussi réservée, un peu timide. J'ai beaucoup évolué sur ça. Avec la notoriété, ça peut jouer des mauvais tours. Les gens ont tendance à juger sur ce qu'ils voient et certains pensent que je suis hautaine. Au fond, je m'en moque, je sais qui je suis. Et puis, mon entourage n'hésite jamais à me dire quand c'est bien, quand ce n'est pas bien. Pour moi, c'est le plus important comme de rester naturelle et vraie. Je crois qu'on ne peut pas avoir deux visages, sinon ça finit toujours par nous retomber dessus. Ainsi, je préfère que les gens me détestent tout en sachant que je suis vraie, plutôt que je sois fausse et qu'on m'adore. Je suis un peu gênée quand je suis reconnue dans la rue. Au début, j'avais envie de me cacher d'autant que je suis souvent reconnue par rapport à ma taille. Aujourd'hui, je le vis très bien. Mon conseiller, Fred Labiche m'a beaucoup aidée dans ce domaine. Quand j'étais gênée, je pouvais avoir envie de partir rapidement. Je n'étais pas forcément concentrée sur ce que les gens me disaient alors que la plupart du temps, c'est très gentil et bienveillant. Mais la timidité me rattrapait. J'ai beaucoup changé et aujourd'hui, je gère tout cela plutôt bien. Je me dis que les gens me reconnaissent par rapport à ce que je fais sur le terrain. C'est une récompense pour moi. C'est mieux que d'être reconnue parce que j'ai fait quelque chose de mal. Après la Coupe du monde, lorsque je me promenais dans Lyon, je me faisais fréquemment arrêter dans la rue. Je vis une belle histoire avec ce club depuis plus de treize ans. J'en ai beaucoup parlé. Je suis capitaine depuis six ans, j'ai tout connu avec l'Olympique Lyonnais. Par exemple, récemment, nous avons disputé le 100e match de Coupe d'Europe de l'histoire de la section féminine : j'ai disputé 85 % de ces rencontres. J'étais déjà là pour le premier match de Ligue des champions, ça ne me rajeunit pas, mais l'histoire est belle. Elle n'est pas finie avec ce club avec lequel j'ai tellement grandi.

Je n'ai pas encore décidé d'une date d'arrêt du foot. J'ai encore envie de jouer, de connaître de belles émotions et de gagner des titres. Mais j'ai déjà imaginé ma vie d'après et je me vois soit dans le foot, soit travaillant auprès des enfants ou des personnes âgées. Je suis touchée par le sort des personnes âgées. J'ai la sensation qu'on les laisse de plus en plus tomber, livrées à elles-mêmes ou placées dans des centres où elles n'ont pas toute l'attention qu'elles méritent. Cela m'attriste. Ce sont souvent des personnes qui ont pris beaucoup de temps pour nous. Et, quand elles sont malades, on les laisse à d'autres personnes. Quoi que je fasse, je veux rester dans quelque chose que j'aime. Donc, ce sera sûrement le foot. Devenir entraîneur me tenterait bien.

Viendra aussi le moment, peut-être, de construire une vie de famille. Concilier carrière et vie de famille est possible, la preuve, beaucoup de joueuses américaines le font mais parce que leur mentalité est différente et que tout est fait pour qu'elles puissent poursuivre leur carrière avec leurs enfants. Une carrière passe vite, j'ai la tête au foot 24 heures sur 24, mais je suis bien dans ma vie et j'ai ma famille avec moi. Il faut savoir ce que l'on veut et mon but est de laisser une trace. Que mon nom soit marqué dans l'histoire du foot. Pour le moment, je suis concentrée sur cet objectif. Le reste viendra en temps voulu. Je n'ai pas peur, Dieu décide. Si je dois avoir des enfants, j'en aurai. Pour moi, un enfant se construit entre 0 et 6 ans, c'est la phase la plus importante, il faut être présent, lui faire comprendre des choses. Si, un jour, j'ai le bonheur d'avoir des enfants, je veux être présente pour leur transmettre toutes les valeurs au travers desquelles je me suis construite. Comme le dit un proverbe antillais : « Genciv té la avan dan » (Les gencives étaient là avant les dents).

Lorsque je retourne en Martinique, je croise des garçons que j'ai côtoyés pendant mon enfance, certains n'ont pas bien tourné, ont dérapé, d'autres consomment de la drogue, cela me fait de la peine de voir ce gâchis. Petits, nous jouions au foot, allions à l'école ensemble, je préférais leur compagnie à celle des filles, déjà parce que j'étais un peu garçon manqué, aussi parce que j'aimais bien leur délire. On se disait les choses, des horreurs parfois, puis deux heures après, on n'en parlait plus. C'était plus franc, plus direct qu'avec les filles. Est-ce que j'aurais pu mal finir comme certains ? Oui, comme tout le monde. Mais boire, fumer, cela ne m'a jamais intéressée et je faisais la leçon aux gars : « Ça vous apporte quoi ? » Ils essayaient de m'embarquer avec eux, me disaient que j'allais me sentir sur une autre planète, je leur répondais que je n'avais pas besoin de ça pour être zen, tranquille. Cette addiction leur permettait sûrement d'oublier certains aspects de leur vie. Jamais je n'ai eu de tentation et, de toute façon, je faisais de l'asthme, je ne pouvais pas me le permettre mais surtout je ne me posais pas la question. Si j'avais porté un début d'odeur de cigarette sur moi, c'était fini ! Ma mère ne l'aurait pas toléré et jamais je n'aurais pu rentrer à la maison ! Quand je repense à l'éducation que m'ont donnée mes parents, l'idée de me perdre me paraît impossible aujourd'hui. Quelque part, notre génération avait peur de nos parents, leur éducation était dure, comme celle qu'ils avaient reçue de nos grands-parents. Dure mais juste. Quand on est petit, on trouve les parents pénibles mais ces grandes personnes ont vécu avant nous, commis des erreurs, il faut les écouter. Maman me disait toujours : « On est dans la vie comme on fait son lit le matin. S'il est de travers, tu seras de travers. S'il est carré, tu seras droit. » Tous les matins, elle vérifiait nos lits ! Aujourd'hui, le mien est toujours fait, nickel. Tous les matins. Elle m'a toujours dit, également, de garder les pieds sur terre, de ne pas mépriser les autres. La vie c'est comme le sport, ça tourne très vite, l'ascenseur émotionnel peut être difficile à accepter et très peu sont à vos côtés quand on redescend. Ce n'est pas parce que tu as fait trois matches en pro, que tu as un sac Vuitton, que tu es arrivée. Je me souviens d'une fille qui venait de signer à Lyon. Un jour, lors des premières semaines d'entraînement, ses chaussures (des vertes, je m'en souviens) se sont volatilisées du vestiaire. Sa mère a été obligée de lui en racheter une paire. Deux semaines plus tard, les chaussures ont réapparu. Lorsque sa mère nous a raconté l'histoire, nous avons conseillé à la fille de ne plus les porter. Je considère que le bien existe, comme le mal, et je crois aux signes. Depuis, elle a enchaîné plein de petits pépins physiques. Il faut faire attention. Je crois au destin.

Peut-être mes copains d'enfance n'ont-ils pas bénéficié des mêmes soutiens que moi. On m'a tendu la main, on m'a offert ma chance... Peut-être l'ont-ils eue et ils ne l'ont pas saisie, ou ils ne l'ont pas provoquée car certains avaient la capacité d'évoluer à un bon niveau de football en Métropole. Il y a toujours des solutions de facilité, argent facile, mauvaise hygiène de vie, drogue... On fait tous des erreurs dans la vie mais il faut en tirer quelque chose, en restant à l'écoute des anciens qui ont de l'expérience. Aujourd'hui, c'est mon tour de dire à mes nièces et à mon neveu : « Vous savez que Tatie est passée par là ? » Bien sûr, on ne peut pas tout réussir mais il ne faut pas suivre ceux qui te tirent vers le bas, qui te rappelleront que ce n'est pas possible, que tu as atteint tes limites. Aujourd'hui, tous les rêves sont réalisables. Je prends l'exemple de ma sœur qui, à 40 ans, courageusement, reprend ses études pour trois ans alors qu'elle aurait pu rester à son poste, mais elle voulait plus. Quand elle me l'a annoncé, j'étais super fière d'elle, c'est une belle leçon de vie, de détermination et de courage. Si on se donne les moyens, si on est bien entouré, par les bonnes personnes, tout est possible. C'est le message de confiance que je veux faire passer aux jeunes garçons et aux jeunes filles qui liront ce livre, un message de persévérance. Si, demain, ils ou elles veulent devenir hôtesse, banquier, médecin, footballeur ou footballeuse, qu'ils foncent, qu'ils fassent ce qu'ils aiment et se donnent les moyens d'y parvenir. Rien ne m'a été donné mais depuis toute petite, j'ai des rêves, comme des flashs qui me disaient ce que j'allais faire plus tard : je voulais gagner des titres, porter le maillot de l'équipe de France et cela s'est réalisé. Ils doivent croire en eux mais je leur dois aussi la vérité : certaines personnes vont essayer de leur mettre des bâtons dans les roues, les faire dévier de leur route. La vie n'est pas facile, dans aucun métier, il y a des pièges partout, on peut vite s'égarer. Le bien existe, le mal aussi mais s'ils ne croient pas en eux, ce sera difficile d'avancer, personne ne le fera à leur place. On pourra leur dire qu'ils sont nuls à l'école, s'ils travaillent, ils pourront prouver le contraire, qu'ils ont des capacités. Qu'ils n'écoutent pas les personnes qui les rabaissent, qu'ils ne subissent pas, ni n'acceptent leur sort, les moqueries, les critiques... Parfois, ils trouveront de belles personnes pour les aider. Au lycée, à Lyon, j'ai craqué un jour. Je voulais rentrer en Martinique, je lâchais l'affaire. La professeure de français m'a retrouvée en larmes dans les couloirs du lycée, je ne supportais plus les moqueries sur ma taille, mon accent. Qu'est-ce que j'avais fait pour mériter ça ? Avais-je pris la bonne décision de venir en Métropole ? Je me posais des questions. Des gens se payaient ma tête, je perdais confiance, les notes commençaient à s'en ressentir... Mais ma professeure m'a dit de me relever, de ne pas lâcher et de redoubler d'efforts.

Je crois au destin, que rien n'arrive par hasard, libre à chacun de choisir le chemin tracé, illuminé, ou d'autres qui ne nous sont pas destinés. Quand je suis partie à l'internat à Lyon, à seize ans, seule, sans ma mère et mes sœurs, libre quelque part, j'aurais pu faire n'importe quoi ! Je suis restée fidèle au chemin tracé par Dieu qui a posé sur ma route, au bon moment, des gens bienveillants, qui ont compté et qui comptent encore aujourd'hui. Je pense principalement à Fred et Joan. Sans eux, je n'en serais pas là aujourd'hui. Au départ, ils étaient pourtant de parfaits inconnus sans aucune raison de vouloir m'aider mais ils ont été présents. Et ma maman a accepté que des gens, qu'elle ne connaissait pas, s'occupent de sa fille. Il y avait une chance sur dix qu'elle leur fasse confiance. Après mon échec à Clairefontaine, j'aurais pu rentrer en Martinique mais le destin m'a menée à Lyon, dans un club où, dès la première semaine, je me suis sentie comme chez moi grâce à Farid qui m'a accueillie comme sa fille, grâce au boss, Jean-Michel Aulas, à tous les dirigeants, tous les entraîneurs, mes coéquipières… Tout arrive pour une bonne raison.

REMERCIEMENTS

Je remercie mes sœurs, mon frère, ma famille, ma marraine, mes amis ; la famille football, mes anciennes coéquipières, toutes les filles de l'OL et le staff 2019/2020, tous mes entraîneurs et sélectionneurs, mon président Jean-Michel Aulas, Paul Piémontaise, Olivier Blanc, Helen Dugelay, Vincent Ponsot, le Docteur Yann Fournier, Jean Loup Coly, Jocelyn Germé, Guy Michel Nisas, Patrick Cavelan ; mes conseils, Philippe Veber, Laurent Burgy ; les fidèles, Félix Merine, Nicole et Rocthild Ferjule (Bouboule), Maurice Limer, Sydney Govou, Jocelyn Angloma, Max Uri, Édouard Labiche, Tonton Nicolas Labiche, Fabrice Chappe, Viviane Étienne, Kelly Bréna, Christine René, Micheline Glocus, Pierrette Maspinby, Serge Zaibet, Raymond

Philemont Montout, Pierre Pascal Alechou, Thierry Célestine ; le Salon de coiffure J-hair by Jean-Hugues Porro ; et un remerciement tout spécial à : Hoda Lataf, Élodie Thomis, Louisa Necib, mon parrain Marc Renard, mon neveu et filleul Liorick Renard, Joan Hartock.

Enfin, un très grand merci aux co-auteurs de ce livre, Syanie Dalmat et Yohann Hautbois, ainsi qu'à ma maison d'édition.

CRÉDITS PHOTOGRAPHIQUES

Les photos non mentionnées ci-dessous proviennent de la collection personnelle de l'auteure.

© Manuel Braun : pp. 1 et 16

© Dave Winter/Icon Sport : p. 10 (milieu)

© Marco Bertorello / AFP : p. 10 (bas)

© Giuseppe Maffia / NurPhoto : p. 11 (haut)

© Tobias Schwarz / AFP : p. 11 (milieu)

© BIldybran / Icon Sport : p. 11 (bas)

© Franck Fife / AFP : pp. 12, 14 et 15 (bas)

© François Xavier Marit / AFP : p. 15 (haut)

Imprimé en France par CPI
en décembre 2019
Dépôt légal : novembre 2019
N° d'impression : 156687

Talent Éditions est engagé dans le développement durable afin de limiter l'empreinte carbone de la fabrication de ses livres. Soucieux de l'impact environnemental de notre métier, nos ouvrages sont imprimés en France sur du papier certifié issu de plantations gérées de manière éco-responsable. Les livres non-commercialisables sont recyclés et réutilisés pour la fabrication d'autres produits cartonnés.
